互联网谋略

企业战略转型的38种原创商业模式

俞强 著

化学工业出版社

·北京·

内 容 简 介

互联网+传统产业，再造新型商业模式。

本书总结了企业数字化转型的思路和方法，对预见战略、组织模式、管理方法、整合方式、产品思维和营销策略等内容做了详细阐述。通过丰富的案例，详细解读了38种行业基于互联网进行商业模式重构的创新思维，以便为传统企业的互联网转型之路提供思路与参考。

图书在版编目（CIP）数据

互联网谋略：企业战略转型的38种原创商业模式／俞强著. —北京：化学工业出版社，2022.11
ISBN 978-7-122-42203-3

Ⅰ.①互⋯ Ⅱ.①俞⋯ Ⅲ.①互联网络-应用-企业战略-商业模式 Ⅳ.①F272.1-39

中国版本图书馆CIP数据核字（2022）第171213号

责任编辑：贾 娜	装帧设计：水长流文化
责任校对：赵懿桐	

出版发行：化学工业出版社（北京市东城区青年湖南街13号　邮政编码100011）
印　　装：大厂聚鑫印刷有限责任公司
710mm×1000mm　1/16　印张13½　字数128千字　2022年11月北京第1版第1次印刷

购书咨询：010-64518888　　　　　　　　　　　售后服务：010-64518899
网　　址：http://www.cip.com.cn
凡购买本书，如有缺损质量问题，本社销售中心负责调换。

定　价：88.00元　　　　　　　　　　　　　　　版权所有　违者必究

如今,人们正在逐渐形成一种普遍的共识:生意越来越难做,钱越来越难赚。尤其是在数字经济的冲击下,很多传统实体企业都面临着生存危机,其所处行业也大多正在经历大洗牌。其实,并不是生意不好做了,而是这些企业不知道财富究竟从哪里来,更不清楚时代背后的新商业逻辑,所以生意越来越差。

在互联网时代,任何一个行业或企业都逃不脱数字化浪潮的冲击,特别是随着人工智能、大数据、区块链技术、云计算等新兴数字产业的崛起,整个社会的生产生活方式正在被颠覆或者重塑。在这个过程中,企业或老板如果把握不住新的商业规律,不清楚通过互联网赚钱的逻辑,就不可能实现蜕变。例如,同样的行业,同样的项目,有人做得风生水起,享受到了时代的红利,而有人却屡屡沦为炮灰,甚至一再被"割韭菜"。问题出在哪里?互联网思维!

互联网思维,是一个比较宽泛的概念,没有一个明确的定义,每个人都有自己的理解,但是最基本的逻辑还是相通的,即借助互联网平台或技术等，对市场、用户、产品、企业价值链，乃至整个商业生态进行重新审视的思维逻辑。

很多人会觉得，自己的生意经念得不错，在商界也有过不错的历练，但经过一波互联网浪潮的冲击后却发现，自己原来是个"菜鸟"，过去那套打法完全用不上了。为了跟上节奏，把线下生意搬到线上，本以为转型成功，但网店3个月都不开张。为什么？因为陷入了同质化竞争——原来线上比线下竞争还厉害，更要命的是，在需求分散且强大的网络世界，竟然不知道可以提供哪些客户最需要的商品，这与在小区开个早餐店、小卖店可是有着天壤之别。

可见，互联网创业不是开个网店、做个网站那么简单，那只是互联网出现之初的做法。现在的互联网，催生了很多业态，既有资讯、即时通信，也有娱乐、游戏，即便是开个网店，也有很多种模式。在这种背景下，任何一个人都不可能再靠一个平台、一个点子，就能挖到金矿。

那如何去寻找金矿呢？通过盈利模式创新，或是盈利模式迭代。这个很好理解，它不是指创造一种新的行业或商业模式，而是结合当下的商业环境，借助互联网对原有的商业模式进行创新。比如网络直播，虽然是一个新生的行业，但其实在很早之前它就已经存在了，只是限于当时技术条件等的限制，表现形式与现在不同罢了。比如，过去，人们到戏园或是茶馆赏戏，经常会给艺人一些小费；再比如，街头杂耍、卖艺的，通过表演来赚赏钱。只是，今天的网络技术拉近了彼此的时空距离，人们不需要现场观看，表演者只需一部手机，坐在直播间就可以面对万千观众。可以说，在盈利模式方面，网络直播与过去街头杂耍卖艺具有相同的逻辑，只是外在的表现形式不同而已。也可以说，相对街头卖艺这种老的商业形式，网络直播是一种新的商业模式。

互联网既然可以联结天下，不受地域限制，那是不是说，全国10亿互联网用户，每人给我一元钱，我就可以成为亿万富豪呢？理论上可以，但要真正实现，一定要靠商业模式，也就是说，你怎么让每个用户都心甘情愿地给你掏这一元钱？

很多创业者都有自己的商业模式，都想借助当下互联网这个风口，一夜之间走上人生巅峰。虽然理想很丰满，但现实却很骨感，烧光了投资人的钱，也没赚到一分钱的创业者比比皆是。说到底，就是因为商业模式出了问题，根本落不了地。

那怎样的模式才更适合互联网时代，且能高效落地呢？笔者就自己近20年的互联网从业经历，针对不同行业的特性和商业环境，给出了38种最新的商业模式。这些商业模式的盈利逻辑与传统的电商模式有着本质的不同，也找不到既定的参照标准，完全是原创的特色模式，而且大部分模式都有成功落地的典型商业案例。例如，坚果行业的"再创'独角兽'模式"，服装行业的"解决女性用户选择障碍综合征"的商业模式，让酒店行业"永远满房"的模式……

对于书中所列举的每一个行业，作者都从行业的市场规模、发展前景、用户痛点等角度进行把脉，对症下药，给出契合行业发展的新商业模式，并结合一些案例深度剖析该模式的盈利逻辑，视角独特，有理有据。同时，作者还对不同的模式进行了模块化分解，给出了具体化的操作方法，便于一些商家根据自身的情况嫁接或落地。

  我们都知道，不论是哪一个行业，都不可能只有一种盈利模式。互联网谋略，需要不断进行商业模式的创新，这是企业持续发展的基础。未来，将是人工智能的时代，也是互联网的下半场即物联网时代。要想跟上时代的步伐，必须升级、迭代，甚至颠覆现有的商业模式，否则，当被时代抛弃的时候，我们可能连一声"再见"都听不到。

目录

上篇　互联网谋略：开启新的财富路径

互联网不是一个行业，而是一种商业思维　　2

"互联网+"：传统行业的新财富路径　　6

转型难？说到底还是商业逻辑出了问题　　12

掘金新时代，商业模式决定成败　　17

创新模式，不断拓宽行业的财富边界　　22

中篇　模式重构：高效落地的38种新商业模式

服装行业：解决女性用户选择障碍综合征的模式　　28

传统鞋业：完全颠覆传统的鞋业模式　　32

坚果行业：再创坚果行业"独角兽"的新模式　　36

药店行业：真正解决传统药房痛点的新模式　　40

近视治疗系统：一个让家长欲罢不能的新模式　　45

冬虫夏草：一个全新的尽善尽美的原创模式	49
纽扣行业：让一类人为之钟情的商业模式	53
白酒行业：平台不卖酒但是让客户永远离不开你的模式	57
社交平台：一种全新的年轻人场景社交的模式	63
酒店行业：一种让酒店永远满房的模式	66
茶叶行业：全新的"共享茶台"模式	71
公益行业：一个以公益为切入点的新模式	76
洗车行业：9.9元洗车年收入近亿元的模式	80
按摩椅行业：共享按摩椅模式的新玩法	86
健身行业：一种客户每天不得不来的模式	89
家政行业：一种彻底改变行业的最新模式	92
养老行业：一种全新的"共享养老"互联网模式	96
儿童教育：一种让孩子喜欢的PK晋级模式	100
古玩藏品：一种钱已到、货还在的全新模式	104
道闸行业：一种全免费但能整合智慧社区的模式	107
物业管理：一种物业费好收且能整合小区及商圈的模式	110
净水器行业：净水机不用卖，共享就行了	114
地产行业：互联网全新的房产模式	118
旅游行业：社交才是旅游的灵魂的新模式	123

电影行业：电影开拍前已经收了票房的新模式	127
玩具行业：新玩具卖、旧玩具收的新模式	131
装饰画行业：永远有新感觉的商业模式	135
雾化棒行业："天下无烟"最新互联网模式	139
瘦身膜产品：瘦身思路换一下，迎来大市场的新模式	142
盲盒行业：互联网盲盒有大市场、新模式	146
医美行业：一种整合整个行业的全新互联网模式	151
律师行业：一种可以在线"偷听"的平台模式	155
设计公司：转型元宇宙的新模式	160
传统肉业：一种线下无人牛排的新模式	164
互联网医院：以病历为切入点的线上问诊	168
婚恋行业：一个全民皆可红娘的新模式	172
机器人行业：一个能陪伴孩子的新模式	175
航空航天行业：每个人都需要一张火星旅游船票的新模式	179

下篇　创造新模式需解决的六大难题

定位问题：方向错了，越努力越失败	184
流量问题：以用户为中心创造流量	187

变现问题：没流量很苦，流量来了更苦　　191

思维问题：只有卖货思维，不懂模式创新　　195

裂变问题：未能深度挖掘潜在的客户资源　　198

跨界问题：颠覆传统单一的盈利模式　　202

上篇
互联网谋略：开启新的财富路径

如今，99%的行业都已经市场高度饱和，甚至出现过剩的状态，沿着传统的商业路径走，很难再发现新的机会。在产品、消费者、市场等都没改变的情况下，想在困境中突围，甚至打破传统行业的天花板，必须改变行业底层的商业逻辑，借助互联网打通各行业新的价值链条，开辟新的财富路径，而不是疲于修补表层的运作模式。

互联网不是一个行业，而是一种商业思维

1994年，我国正式接入国际互联网。在不到30年的时间里，互联网技术得到了飞速发展，不断催生出一些新业态、新商业模式，并给我们的生活、工作等带来了巨大的改变，甚至深深地影响和改变了我们的商业思维。

如今，几乎所有的商家都在思考这样的问题：如何掘得人生的第一桶金？如何运用互联网推广自己的产品与服务？因为大家眼中的"互联网"不再是从前的那个"行业"，而是一种商业思维——在互联网时代，所有商业逻辑都要架构在互联网的底层逻辑之上。

过去，我们经商做生意，主流观念是"一招鲜，吃遍天""酒香不怕巷子深"，只要有好的产品与服务，就不愁没有顾客上门。可以说，那个时候，我们的商业思维是"以产品与服务为中心"，更注重工厂、渠道等。你能提供什么，顾客就买什么。由于选择有限、人员相对固定、行为更加简单、环境变化速度慢，所以那时候最佳的商业策略，就

是使用传统管理思想——详细而严谨的控制。因此，那些做得比较好的传统型企业都有一个共同点，即它们凭借长期积累的资源形成一种强有力的控制力——控制产品、控制渠道、控制客户。这足以保证它们可以轻易击败那些行业新手，或者弱小的竞争对手。

进入互联网时代后，这种传统的商业思维不再那么灵验。互联网为所有的商家提供了较为平等的展示和竞争平台，也为顾客提供了更多"主动选择"的机会。用户不会再因为你强塞给他们不喜欢的广告而去被迫浏览或者购买你的产品。不只是你的用户，包括员工、供应商、合作方等，都拥有了越来越多的选择机会。自然，你也不可能一味地通过控制产品渠道而获得竞争优势——可以说，互联网的一个重要功能，就是简化、"消灭"了许多中间环节，让源头工厂能直接面对消费者。所有的这些都在颠覆各种行业传统的商业思维。

当然，不要一提"互联网思维"，就以为是搞免费模式、平台思维、社群营销和粉丝经济。互联网是一种工具，更是一种思维，它不但能无限扩大我们的商业边界，而且为一些商业模式的创新、实践提供了各种可能。之所以这么说，主要基于其具有的三大特点。

1. 去中心化

从传统的媒体时代开始，信息的流传就是有关键节点的，电视、广播、报纸、杂志，其信息的关键节点很明确，控制起来也很方便。即使到了互联网时代，各种新闻门户和垂直门户对于传统媒体的复制性依赖还是很明确的。

近几年,随着自媒体发展,互联网"去中心化"这个特点表现得越来越突出。如果企业能适应互联网的变化,建立起从属于自己的信息流通节点和品牌,那么信息的传播效率会得到显著提升,成本也会大大下降。例如,有些企业非常注重官方微博、社区、公众号等自媒体建设,以便建立其有效的信息流渠道,从而提升企业的影响力。这都是互联网思维在这方面的一种表现。

所以说,去中心化不但可以打破信息壁垒,而且可以将社交、电商、信息等行业的中心化场景进行结构解耦,从而促进线上场景向多样化发展。

2. 通融互联

这是一个"通融互联"的时代。通,就是互联互通。互联互通超越了时空差距,使组织与用户、人与人之间的距离零成本趋近,无障碍沟通与交流价值倍增。融,就是整个世界的多元要素融为一体。各种要素交织,你中有我,我中有你。人与人之间无隔阂后,界限就变得模糊了。人们彼此不再受时间和空间的限制,可以在线购物、聊天、看电影。对商家来说,可以24小时在线经营,没有打烊时间,并且能把生意做到网络能触及的每一个地方。

3. 大数据和高流动

大数据,又称巨量资料,指的是所涉及的资料量规模大到无法通过人脑，甚至主流软件工具，在合理时间内达到撷取、管理、处理并整理成为帮助企业经营决策的资讯。互联网每时每刻都会产生大量的数据，而这些数据最大的特点就是种类多、实时性强、蕴藏的价值巨大。企业可以将相关的大数据作为大样本、全样本，通过理性分析，来对其某方面的发展趋势进行预测，从而捕捉到新的商业机会。

综上所述，互联网更像一个开放的商业生态圈，在这个商业生态圈中的每一个人、每一个企业，都是网络上的一个节点，他们既要共融，也要相互竞争，还要共同进化。要想在互联网世界取得成功，必须具备这种最基本的互联网思维。这样才能不断自我变革，实现思想的新陈代谢。当企业拥有互联网DNA，它才会更好地整合线上线下的资源，从而更快地到达成功的彼岸。

"互联网+":传统行业的新财富路径

近几年,随着"互联网+"越来越热,很多人都在抱怨:传统行业真的越来越不好做。的确,如果餐厅不开在网上,就没有更好的生意,就连开个菜店,也得想着到网上去招揽生意。即便是传统的电信服务商,像中国联通、中国移动、中国电信这样的巨无霸们,也开始因为微信、抖音等社交类型平台软件的出现而担心:还能通过语音通信、短信业务获得多少利润?可以说,"互联网+"正在改变着各行业的传统企业的观念,也在改变着这个世界。从其被首次提出至今,"互联网+"都是一个炙手可热的概念。2020年5月22日,国务院政府工作报告中提出:要全面推进"互联网+",打造数字经济新优势。由此,互联网战略又上升到国家战略层面,可以说,这也为传统行业指明了新的成功路径。

那什么是"互联网+"呢?

有人粗浅地认为,"互联网+"就是"互联网+传统行业",例如,"互联网+教育""互联网+制造"等。其实,"互联网+"不是互联网与传统行业简单地相加，而是利用信息通信技术以及互联网平台，让互联网与传统行业可以进行深度融合，创造出新的发展生态。即互联网这种形态对于传统行业和消费方式的改造，这种改造是全方位的，它可以触发传统的生产方式和生活方式的革新。

企业借势"互联网+"，不是要否定之前正确传统的商业思维，甚至颠覆过去的商业模式，而是在新的经济社会形态下，不断在产品、服务、技术、用户体验、渠道、市场营销等多个方面进行自我提高、自我进化、自我完善，以获得更持久的行业竞争力。这是互联网时代下的商业必须具备的特征所决定的——这种特征又决定了企业的商业思维、模式及玩法。

互联网时代的商业特征，主要可以归结为"四化"。

1. 场景多元化

这种多元化主要表现在三个方面：一是随着线上与线下的深度融合，线下零售行业，特别是一些传统的商业综合体，创造了更多融合购物、社交、娱乐、餐饮为一体的零售新场景；二是以社交为中心的电商实现了快速增长，很多消费者的购买行为来自社群的推荐，消费者也多了一个角色——信息的传播者；三是电商龙头继续花重金布局更多零售实体业态，如沃尔玛并购Jet.com、京东无界零售等。

2. 定制个性化

在传统的商业模式中，企业与用户间的信息交互不充分，企业主要依靠规模取胜。但是，随着互联网平台的发展，企业可与用户深度交互、广泛征集用户需求，通过对用户的行为和社交关系等的大数据分析，可以精准预判市场、开展精准营销，从而实现大规模的个性化定制。

如今，90后、00后成为互联网消费的主体人群。他们重品牌、重服务、重精神需求，而且非常喜欢个性化的生活方式。所以商家会通过定制个性化来赢得这个圈层的消费群体。例如，优衣库推出了服装定制服务。目前，除了服装行业，家居、家电等领域也都有较成功的个性化定制案例。个性化定制可有效解决传统商业模式的渠道单一、封闭运行、需求定位粗略、市场反馈滞后等问题。

3. 零售无界化

随着物联网、人工智能、AR/VR等新一代信息技术应用以及消费升级，消费和零售场景逐渐开始多元化、碎片化、即时化，不再局限于电商网站、实体商店等特定的零售平台。

未来，我们可以通过网络社交、媒体、影视作品、智能家居、无人商店，甚至平面广告、照片等，随时、随地、随心地触发并达成消费交易，零售将进入无处不在、无时不有的状态，这就是我们说的零售无界化。

4. 产品数字化

产品的数字化体现在从原料采购到原料运输，再到产品的生产、库存、运输、销售等各个环节。将产品的全流程全环节都进行系统的管控录入，通过系统来进行产品产业链管理和信息数据的查询生产，方便企业进行数字化信息管理。

例如，在产品生产过程中，通过数字化实现智能化地生产、分拣、包装、统计，并确保每个产品都进行二维码贴码。再如，在销售环节，用户拿到产品时，可通过手机扫描二维码，查询产品的真实信息，查看产品检测报告和企业资质信息，进行防伪验证，核实产品品质真伪。过去的产品服务都是静态的，没办法和用户"互动"，如今，通过产品数字化，可以让内部操作更透明，追踪更准确，服务更到位，反馈更及时。

在现实中，很多人没有完全看清楚商业的这些特性，所以认为实体难做，是因为被网络抢了生意。其实不然，在互联网时代，线上与线下融合是必然趋势。传统行业要学会借力互联网去寻找新的财富路径。

纵观各个行业，目前比较稳妥的路径有三条。

1. 自建电商平台+体验中心

如今，头部的电商平台仍然占据巨大的流量入口，与此同时，它们也存在一些问题，如获得流量的成本较高、产品品质得不到保证、较难提升消费者的信任度等。所以，不少企业会自己建设独立的电商渠道。较为成功的有物美集团、小米科技等。特别是现在随着VR技术的发展，传统以销售为主要功能的店面，将会转向具有体验、展示、互动、娱乐等功能的店铺。这将是一种新趋势。

2. 基于"人"的社群服务

纵观整个商业组织形态的变革发展，农业时代是以家庭为主体的商业组织形式；到工业时代，则逐渐形成以工厂、企业为主体的商业组织形式；而在互联网时代，又开始出现一种新型的商业组织形式，那就是社群，在这里，我们可以将其定义为商业社群。在"互联网+"时代，传统行业最好的落脚点，就是社群！

如何建立自己的社群呢？最核心的是做好基于"人"的社群服务。

例如，微信最初只是一个社交工具，后来，增加朋友圈点赞与评论等社区功能，继而添加微信支付、精选商品、电影票、手机话费充值等商业功能。如今，微信已发展成为一个非常大的商业社群。这给我们的启示是：要学会通过提供具有黏性的服务，来逐步建立和发展自己的社群。只要拥有了社群和粉丝，就拥有了推送更多产品与服务的可能。

3. 直播带货+短视频营销

现在，自媒体与直播带货变得越来越流行，几乎没有哪个卖家不想尝试直播带货的。与其说直播带货是现在的一个风口，不如说是当下移动互联网时代的一种福利。自2020年以来，受新冠肺炎疫情的影响，很多传统线下行业受阻，但线上销售却迎来了爆发式增长，其中，直播更是凭借直观高效、互动性强等优势成为线上销售的关键爆破点。

相较于直播带货，短视频推广早在2017年就实现了火山式爆发，并且逐年增长。所以短视频的巨大流量，可以以大家喜闻乐见的形式推广企业的文化与品牌，并为企业带来巨大的流量与价值。例如，企业在抖音等一些平台做短视频营销，可以一站式打通从产品或品牌宣传到流量变现这个闭环。

从长远来看，"互联网+"是一种主流的商业形态。传统行业要学会拥抱互联网，深刻了解"互联网+"的商业内涵，并将其运用于自身，还要摒弃"狼来了，它会先吃小羊"的想法。这样，即使赶不上合适的"风口"，也能在传统行业中逐渐摸索出一条新路来。

转型难？说到底还是商业逻辑出了问题

在生活中，如果一个人就某件事情表达观点时，只要他的表达不合乎逻辑，即便他描述的是事实，论据也很充分，但也难以令人信服。同理，一门生意如果不赚钱，往往不是生意本身难做，而是商业逻辑出了问题。

A先生开了一家理发店，店面选址、装修都很讲究，聘用的理发师也非常专业。在开业活动期间，一个月的支出大概就有五六万，营收额勉强持平。活动期一过，更是门可罗雀。此时有人提议：多建一些微信群，先拉老客户进来，然后再让老客户介绍新客户，或者到一些大平台做宣传。可是他却说："服务行业是典型的线下生意，谁理发不得到店里？"

然而，离他的店不远的一个犄角旮旯，也有一家小理发店。这个理发店每天都有顾客在排队，店主B先生和他的几个店员根本忙不过来。

两家店，理发价格差不多，那生意究竟差在哪里？其实是差在两家理发店的商业逻辑上。

A先生认为：理发这个行业就是不折不扣的传统生意，顾客觉得理得好，下次还会再来，顾客觉得这家理发店手艺差，自然不会再来了。所以，要想把生意做好，必须雇用好的理发师。理发师水平不行，宣传又有什么用呢。有在网上折腾的功夫，还不如去培训好店员。

B先生的逻辑是：选址不是很重要，最重要的是，店面一定要有人气和口碑。为此，他在美团等一些平台开了小店，有很多顾客都是线上下单，然后到店里来理发，他还会经常推出一些有吸引力的优惠活动。时间久了，这家店慢慢成了一家口碑不错的网红理发店。门店虽在犄角旮旯，生意却很红火。

由此可见，两种开店逻辑，对应两种不同的生意状况。很多时候，打败我们的往往不是技术、能力，或者一些外在硬件，而是看不见的思维逻辑。好多传统生意之所以转型难，说到底，还是因为它们的商业逻辑有问题。

我们再来看一个例子。

曾经，某牛腩餐厅，是一家定位"轻奢餐"的餐饮品牌。虽然老板没什么餐饮经验，却用短短两个月的时间，把餐厅做成了网红店。

当然，该餐厅牛腩的做法很"牛"：只提供12道菜，其烹饪牛腩的秘方是以500万元买断的香港食神的牛腩配方；每双筷子都是定制的、全新的，用餐完毕套上特制筷套还可以带回家；老板每天都会花大量时间收集针对菜品和服务不满的声音，并做出改进；开业前投入1000万元搞了半年封测，其间邀请各路明星、达人、微博大V（拥有众多粉丝的微博用户）等人免费试吃，甚至提出"改变传统餐饮业，颠覆餐饮，改变世界"的口号等。

该牛腩餐厅为什么这样做？其背后的逻辑是什么？

为了打造网红店，为了流量！

当时，圈内甚至有一句非常流行的话：去该牛腩餐厅吃的不是牛腩饭，而是那碗热气腾腾的互联网思维。

用互联网思维如何改造传统餐饮？这是许多人现在都在思考的问题！那么该牛腩餐厅为什么还是说凉就凉了呢？以至于它在沉寂了许久之后，竟然是因为一场官司才再次进入公众视野。

说到底，是因为商业逻辑！

餐饮的本质是产品，是服务。大部分消费者都有一个共同的特点，那就是既要吃得便宜，又要味道好，还要包装得精美。如果你做不到，那对不起，我不买你的账，即使你说得天花乱坠，不管你装修得多豪华，多上档次，消费者还是会说："这和我的这顿饭有什么关系？"如果你做的味道一般，卖得还很贵，然后还要说是因为房租贵，人工费涨了，那消费者会说："你为了赚钱，让我不舒服，那就是耍流氓"。

那究竟如何做餐饮？无论是做产品，还是做服务，抑或是做营销，都要牢牢把握一点，那就是顾客体验。举些例子：

有人既想节约时间又想品尝美食，就出现了美团、饿了么等外卖平台。

有人想一边欣赏音乐，一边品尝美食，于是出现了将音乐、美食、美酒、表演融于一体、夜生活丰富的"胡桃里"音乐酒馆。

有人希望既能快捷用餐，又能满足社交需求，于是出现了"太二"酸菜鱼餐厅。

这些餐饮企业都遵循了这种商业逻辑：注重对人性的洞察，从而对产品和用户体验进行价值重构，以构建成为自己的核心竞争力。正是因为遵从这样的商业逻辑，传统行业才能借助互联网思维更好地回归本质，而不是为了炮制噱头，或只是为了营销与炒作。

互联网虽然可以带火传统行业，却不能从根本上改变传统行业的本质。一个品牌，如果一夜爆红之后，不去及时弥补自身的短板，而只是为了"晒"（展示、分享）而"晒"，就会背离行业本质。毕竟，一家传统企业能否做到成功转型，归根结底取决于它和消费者、合作方之间是否能相互创造价值。

许多成功的商业实践案例表明，利用互联网将企业、客户、消费者及其他产业的伙伴等无缝连接，形成共生关系，彼此滋养，才能获得更大的成长空间，并推动整个行业生态的持续繁荣。可以说，这是移动互联网时代企业发展的底层逻辑。

在过去，我们信奉的商业逻辑是：直接或通过中间商把产品与服务卖给用户，交易时间短，以量取胜，注重广告宣传。

相比较而言，移动互联网时代的商业逻辑是：关注用户消费体验，以质取胜，十分注重口碑与流量。

无论做什么行业，在把生意搬到线上之前，除了要对自己有客观准确的评价外，一定要弄清楚同行成功背后的商业逻辑是什么，以及支撑这种逻辑的前提条件与边界条件是什么，盲目地照搬、抄袭、炒作，一定会出问题的。

掘金新时代，商业模式决定成败

经商或者创业，最重要的不是资金，也不是人才，而是商业模式。什么是商业模式呢？简单而言，就是价值环节的生态组合。商业模式要解决的问题是：你卖什么？怎么收费？靠什么赚钱？

一个好的商业模式，可以清晰地给出答案，即产品潜在的利润现在在哪里，如何才能将它们收到自己的口袋。从多个角度看，企业之间的竞争，本质上不是产品的竞争，而是商业模式的竞争。

对于初创企业来说，商业模式决定成败。因为，现在不缺产品，也不缺服务，缺的是把产品与服务一起卖出去的模式。过去，我们主要围绕着产品、渠道来设计商业模式。而在移动互联网时代，这种模式变得不再那么有效，我们现在设计商业模式时，主要是以用户为中心。你能为用户提供什么样的产品、服务或价值，决定了你应选择哪种商业模式。适合企业的模式必定有助于提升企业的服务质量、客户满意度及创新能力，并不断提升用户的体验。

有的创业者有不错的创业项目,于是拿着商业计划书到处去找投资人,但是却始终找不来钱,为什么呢?因为他的商业模式有问题。要卖什么,怎么盈利,自己都还没有搞明白,别人怎么肯花钱投资?

比如,C先生想开一家网店,在某大型电商平台卖毛笔等书法用品。他乐观地预估:这个市场非常大,因为中国有14亿人,即使只有1%的人买,也有约1400万人,就按一支毛笔的利润为2角算,也能赚到二三百万。

但是问题是:你如何让这么多的人去买你的产品呢?即便真有这么多人浏览了你的网店,你又怎么能保证浏览过你网店的人能100%成交呢?

显然,在某大型电商平台开店,仅靠卖产品这种简单的模式在短时间内获得可观的利润是不现实的。首先,流量就没法保证,即便流量有保证,转化率也是一个问题。其次,竞争因素也要考虑,即便真能做到"人无我有,人有我优",赢得顾客信任也是一个问题,更何况,在电商平台,你是不可能把生意做成独家买卖的。

如今,好的商业模式,通常都有这样一个特点,即第一眼看上去,你觉察不出它的盈利点,甚至会让你觉得这是赔本赚吆喝的生意。其实,只要仔细分析其商业逻辑,便会发现其中的财富密码。

就拿我们熟悉的共享单车来说,很多人都会认为,每个用户只要交200元押金,每次花一二元就可以骑行。一辆车的成本都上千元,还要专人维修保养，投资可谓不小，这不明摆着做赔钱生意吗？

其实不然，我们看到的只是表象。实际情况是，在一天当中，每辆单车的使用者不止一个人。这里，我们姑且以10人为例。按这个逻辑来计算，平均一辆单车就可以"赚来"2000元押金，除去一两个退押金的，也会有至少1600元押金能沉淀下来。照此计算，如果投放1万辆单车，便会形成1600万元的资金池。大家要知道，这些"躺"着的资金是没有利息的。接下来，就可以用钱生钱了。这便是共享单车的盈利模式，其获利的关键就是押金。正是因为这种商业模式清晰，且可行性强，所以，共享单车一度深受资本热捧，甚至后来出现了好几家企业通过不断烧钱来抢占共享单车市场的现象。

当然，这种通过不断烧钱来赚取眼球、抢占用户的商业模式也在其他行业出现过。但是事实证明，其风险是相当大的，一旦资金链出现了问题，公司就会瞬间倒闭。

在移动互联网时代，有很多好的商业模式不一定是用钱堆出来的，但也同样会颠覆我们的认知。过去，食品公司的商业模式是通过卖食品来赚钱，快递公司的商业模式是通过送快递来赚钱；现在，有一些好的商业模式可能是：羊毛出在狗身上，最后由猪来买单。如果你的思维还停留在过去，那就看不清这种商业模式的底层逻辑了。

一般来说，好的商业模式，通常包括三个方面的内容。

1. 以极致的产品作支撑

真正能通过互联网做大的公司，大多都是产品驱动型公司。公司能否回答好下述问题，将决定公司的发展趋势：

- 你提供的产品是什么？
- 能为用户创造什么样的价值？
- 能帮助用户解决掉哪些痛点？
- 是否能降低产品的价格，甚至免费提供给用户？
- 能不能把复杂的变成简单的？

好的产品不但要能打动用户，而且要能不断"进化"。

2. 提供良好的用户体验

对待一个新的产品、服务，客户往往会抱着怀疑与渴望的双重态度，因此让客户感觉到安全与信任，就成了企业营销的核心。客户只有获得了良好的体验后，才会信任产品和公司，才可能成交。例如，小米科技非常注重用户体验，看似它在做硬件，实则是在做用户体验，通过不断向用户提供丰富的、免费的应用和服务来留住用户，从而实现收入的多元化。

3. 提供个性化的增值服务

在互联网时代，用户是很"矫情"的，该免费提供的产品或服务，绝不要想着去收钱。比如，几乎所有的门户网站都将电子邮箱作为免费服务提供给用户的时候，曾经用户黏度很高的263邮箱却突然开始收费，结果，很快就被迫退出个人邮箱市场。

公司要获得长远发展，一味靠给用户提供免费服务是行不通的，提供免费服务的一个主要目的，是为了更快地获取流量。那既然要收费，就要有收费的资本——能为用户提供个性化的、增值的服务。例如，你在一些大的电商平台开网店，平台是不收费的，但是，你的产品信息要想被用户搜到，而且还要排到其他同类产品信息的前面，那就要在平台购买相应的服务。通常情况下，商家是愿意花这笔钱的。

由此可见，好的商业模式，不但需要设定一定的门槛，而且要有助于让用户不断地延伸消费，并多维度开发企业给用户带来的价值。当然，没有什么是一成不变的，未来，移动互联网技术的深入发展会促进商业模式的进一步变革，所以无论对创业者还是企业来说，思考并不断探索新的商业模式仍然是摆在他们面前的一项重要工作。

创新模式,不断拓宽行业的财富边界

一种商业模式过去有效,不等于现在仍然有效;即便现在有效,也不等于未来有效。要想做行业里的"常青树",唯一不变的就是"变":要不断升级、改造现在看上去依然有效的商业模式。

《孙子兵法·虚实篇》中说:"水因地而制流,兵因敌而制胜。故兵无常势,水无常形,能因敌变化而取胜者,谓之神。"过去是"大鱼吃小鱼",现在是"快鱼吃慢鱼"。在互联网时代,靠信息不对称,"一招鲜吃遍天"这些商业模式,已经无法在商界长久立足,市场无时无刻不在快速变化,不能适应"变化"、快速应对"变化"的企业,很快就会被市场淘汰掉。

例如,你的优势是生产,却不擅长做市场,那么可以选择代工模式或供应商模式;你拥有一定的市场,却没有生产厂房与设备,那么可以选择做品牌模式,让别人OEM(original equipment manufacturer,定点生产,俗称代工)替你生产;如果企业有实力走出去了,就必须考虑:是在各地建分公司、分厂，还是选择区域合作开发代理等问题。

耐克选择只做品牌，其成为全球知名运动服装品牌，却没有一家属于自己的工厂；麦当劳选择做加盟连锁，不管自己能销售出多少可乐，却连个可乐瓶都不生产，不管自己能卖多少鸡翅，都不会养一只鸡。这些企业的成功都赢在了商业模式上。

苹果公司是全球知名的科技公司，其手机产品深受全球用户的喜爱，甚至可以用"疯狂"来形容：疯狂的粉丝，疯狂的价格，疯狂的需求。当别人都在疯狂打价格战的时候，苹果公司却把手机价格卖到竞争对手的几倍，甚至更高，即使如此，还是打消不了粉丝的购买热情。没有人不想知道，苹果公司到底赢在哪里？

品牌？技术？还是营销等？这些固然是苹果公司能称霸手机市场的资本，但更重要的还是商业模式！

苹果公司卖的不只是几款单纯的产品，而是一套完整的商业模式。产品容易被模仿，但是服务却难以被复制。苹果公司在不断进行技术创新的同时，也在不断升级自己的商业模式——为消费者提供更好的服务。苹果公司通过iTunes和App Store平台开创了一种全新的商业模式——"酷终端+用户体验+内容"。这种商业模式将硬件、软件和服务融为一体，使它们相互补充又相互促进。除此之外，这种全新的方式也很好地实现了用户体验、商业模式和技术创新三者之间的平衡。

过去，苹果公司的商业模式是"硬件软件一体化"，现如今，其商业模式已经升级为"软件+硬件+服务+商业生态"。随着商业模式的不断创新,苹果公司始终保持着在行业中的领先优势。并且,还进一步增加了用户的黏度,使用户不但愿意为手机买单,而且也愿意为应用和内容买单。如此一来,苹果公司的盈利会更多、更持久。许多企业都想效仿苹果公司的这种商业模式,但到目前为止,国内的企业也就小米公司做得还算不错。

许多企业创立之初,都很注重在产品上动脑子。虽然提升产品质量、做好客户服务是企业的使命所在,但是要想做强、做大、做久,并不断拓宽财富边界,必须进行商业模式的不断创新。也就是说:二流的企业卖产品,一流的企业卖服务,超一流的企业卖模式。

研究表明,约90%的成功商业模式的创新都是对已有的商业模式要素进行重组。例如,从其他行业、市场或环境中已有的创新吸取灵感,进行重组或改变,就是一种创新。当然,这并非只是简单地去"复制",而是要充分理解这些模式成功的形态并结合实际情况,通过转化、重组和转变,形成适合自己公司的创新模式。

在进行商业模式创新时,除了要深入挖掘你的公司和行业,还需要对用户、甚至是人性有更充分的了解。例如,苹果能做到颠覆音乐行业,Uber能做到颠覆交通行业,亚马逊则能做到颠覆零售行业,所有这些革命性的创新都不是每天喊着"创新"口号做出来的,而是源于能为客户提供更好的服务体验。比如,很多公司只注重产品本身,而不重视产品包装。其实，用户"开箱"的过程也是一种独特的用户体验。如果用户在打开包装的一刹那，有一种"神奇"的体验，自然会提升其对产品与服务的黏度。

通常，对现有商业模式进行创新时，要经过四个步骤。

1. 分析商业生态环境

（1）要清晰描述现行的商业模式，并能分析出利益相关者，如客户、供应商、经销商、方案供给商、竞争对手等，读懂他们的核心需求。

（2）寻找最重要的变化驱动因素，以及这些因素是如何转化并影响商业模式的。通常，驱动因素包括技术和大趋势。许多成功的商业模式创新都是由技术进步所引起的，并借助技术进步来实现。当然，技术进步也可能带来潜在的风险。同时，未来的发展和趋势也是在创新商业模式时必须考虑的重要问题，换句话说，新商业模式是大趋势的产物，大趋势是新商业模式的助推器。

2. 创造性模仿和重组

通过对现在商业生态环境的分析，可以发现一些新的机会，但利益相关者所表达的需求，是他们的直观感受，未必是你想要的底层核心需求。所以，你需要一套有序的方法来重新解读客户的需求，并重构可能的新的商业模式。这时，你可以借鉴一些成功的商业模式，通过转移、合并、删减等策略进行改装，形成新的商业模式构思。

3. 打造独特的商业模式

即使一个创意再好，也必须适应实际情况，否则不能充分发挥其价值。所以，要对之前构思的一些模式做进一步分析，看其是否与企业内外部的环境相匹配。同时，要进行可行性分析，之后，再将其整合为一个可以实施的新的商业模式。

4. 将计划付诸行动

由于新商业模式的实施会涉及企业经营的各个方面，甚至会遇到意想不到的挑战和阻力等。所以，较明智的做法是，先开发一些原型，进行小范围或者小规模试验，最大限度地降低风险；然后再循序渐进、深入全面地展开。在这个过程中，全员要保持开放的心态，善于从失败中学习，从而实现商业模式的快速迭代。

在过去，一个企业一旦选择了某种商业模式，就等于选择了自己的生存模式或"活法"。虽然产品在更新换代，服务也在不断提升，但企业的发展模式却始终不变。现在，商业环境变幻莫测，特别是在移动互联网技术的推动下，新的业态、新的商机不断出现。企业要适应这种变化，捕捉更多的商机，那就必须不断让自己进行商业模式创新和升级。

中篇
模式重构：高效落地的38种新商业模式

在移动互联网时代，每一种全新的能高效落地的商业模式都能催生一个新的市场，并且以令人难以想象的速度让现有商业世界的版图与行业格局发生改变。这些商业模式不但易学习、可操作、便于方法化，而且能运用更低的成本，产生更高的效率，实现更好的用户体验。

服装行业：解决女性用户选择障碍综合征的模式

在互联网时代，服装行业算得上是不折不扣的传统行业。但是，由于我国服装市场过于庞大，所以服装行业一直被称为"永不衰落的产业"。

数据显示，近几年我国服装市场整体呈增长态势。继2019年服装市场零售规模突破2万亿元后，2021年，更是达到了2.4万亿元。其中，女装市场规模约为男装市场的两倍。

服装行业作为我国的优势产业，其发展经历了很长一段时间的繁荣期。如今，随着人口红利、政策红利，以及成本优势的逐渐消退，服装行业发展遇到了一些困境，急需转型。尤其是女装行业，想要突破目前发展的瓶颈，除了要在款式、质量、品牌上下功夫，更要注重解决用户的痛点。

在服装行业，女性用户最大的痛点是什么？不是服装品牌，也不是用户的消费能力，而是"决定"。无论是逛商场，还是浏览网店，她们经常挑来挑去，不停地对比，又不停地否定，半天拿不定主意，最后好不容易选定一件，如果这时有人评价"款式一般"，她们立马又会陷入纠结与苦恼中。如果用专业的术语定义，这种行为被称为"选择障碍综合征"。

商家的货品越丰富，就意味着提供的选择余地越大，用户表现出的这种"症状"就越严重。也就是说，传统的销售模式很难解决用户的这个痛点，进而无法降低退换货率。

那有没有一种办法解决这个问题呢？答案是：有。即将当下流行的盲盒玩法嫁接到女装行业，进而创新出一种新的商业模式。盲盒是潮玩市场的新宠儿，最初，它的产品设计主要针对的是二次元、动漫受众。现在，盲盒这种商业模式被运用于多个行业。那在女装行业如何运用这种商业模式呢？主要分以下三部分。

1. 开发一个互联网平台

整个平台不同于一般的用于销售具体服装的网店，这个平台是销售看不见里面内容的"盒子"。"盒子"可以分多个类别，清晰描述出每类盒子都可能包含哪些最潮、最新款的服饰，并一一进行展示与说明。

2. 制订清楚销售规则

大体来说，规则主要有这么几类：一是是否采用会员制，如果采用会员制，用户一次性缴纳多少会员费，期限多长，入会后能享有哪些优惠；二是订购模式，如用户可以一次订购一个或多个盒子，也可以按月、按年订购，订购数量与价格有怎样的关系等。

3. 明确售后服务保障

例如，用户拿到盒子后，设置首次可以退，第二次可以换，以后就不得退换了。因为所有的惊喜都藏在盒子里，所以你永远不知道打开盒子后面对的是什么。有的客户平时只穿潮流风的服装，但是打开盒子后居然是一件唐装，平时她永远不会尝试这种风格，但是这次在家里打开盒子后可以随便试穿，她有可能发现一个之前不敢想象的自己。

有了这样一个基础的商业模式后，我们再根据具体情况进行调整与完善，这个要因人、因客而异。

例如，笔者的一个学员开发了一个名叫"依盒"的平台，创始人陈总是一个多年耕耘服装行业的资深玩家，他和其他的服装老板不同，陈总敢于尝试最新模式。在经过一段时间的运营后，陈总发现大部分用户每个月都会买衣服，于是推出"月盒""季盒"和"年盒"，即用户可以一次订购1个月的、3个月的，也可以订购一年的。如果用户订购"月盒"，那么平台每个月都会给用户邮寄一个盒子，保证每个盒子里的衣服是最新款的，并且符合当月的节气，秋天就必须是秋装，春天就必须是春装。

每次，用户拿到衣盒后，在没打开盒子之前，她都不知道里面到底是什么风格和款式的衣服。这种未知性和不确定性，使得整个购买过程充满神秘感，令用户兴奋和期待。拆开一看："哇，这个款式太漂亮了，还是品牌的。"用户自然会欣然接受，即便因为尺寸、颜色问题提出换货，也很少会纠结"我要不要买呢"。因为店家已经很用心地帮她们做了选择，并且她们也很认可这种选择，这就很好地消除了她们的"选择障碍综合征"。

当然，不同的用户会有不同的审美偏好。所以在进行商业模式设计时，要能够为不同的用户"画像"。也就是通过数据分析，确定不同类型用户大体的风格喜好，以此来设计不同风格的盒子，并在其中做好相应的搭配。这样，她们更容易收到自己喜欢的服饰。而且，拿到的盒子还有可能装着一件奢侈品，那种惊喜感你能想象得到吗？

除此之外，用户也可以定制衣盒，即"一对一＋专属定制＋定期盒子上门"，这种方式可以极大地提升用户的被宠爱感。通过一对一沟通，定制用户专属搭配方案，最后定期将精心准备的衣盒送到每位用户手中。如此一来，用户每次收到盒子，都像是收到一份惊喜。这也很大程度上满足了女性希望被宠爱的心理需求。

总之，盒子这种模式淡化了"买"这种行为，不但让女性消费者觉得"好玩""有趣"，同时也满足了女性用户希望"被关注""被宠爱"等一些特殊心理。这会让她们对价格不再那么敏感，对款式、搭配等不再那么挑剔。而且有人帮助选好服装，满足了很多人懒得挑选的需求，更容易吸引人！

传统鞋业：完全颠覆传统的鞋业模式

我国是全球最大的产鞋国和出口国。近几年，我国每年生产各种鞋超过200亿双，占全球制鞋总量的近70%，远超其他国家。在国内，按人均每年4双鞋计算，仅我国年均需求量就近60亿双，足见，鞋业是个十分庞大的市场。

如今，我国鞋业已经进入电子商务时代，各大鞋企也纷纷在网上开了旗舰店，但是生意好的并不多，未来能存活下来的更是屈指可数。这些企业究竟输在哪里？有资本、品牌的原因，也有营销方式的问题，但最根本的是商业模式有问题。

要知道，鞋业算不上高科技行业，除了工艺、用料等，鞋子一般没有什么高技术含量。过去，鞋企之间的竞争更多是工艺、渠道等的竞争，如今，随便一个鞋企都能采用成熟、先进工艺，生产出质量不错的鞋子，加之过去的渠道优势现在变得越来越不明显，所以，企业之间的竞争更多地体现在它们的商业模式上。

对鞋业来说,传统的商业模式无非如下的四种渠道。

(1)专卖店的优势是,品牌有保证,资金回笼快,信息反馈及时有效;缺点也很明显,即产品单一,品牌单一,可选择性较小。如今,专卖店的数量在不断减少,这是市场竞争的必然结果。

(2)商场的优势在于,投资较少,消费者信赖程度高;缺点是价格高,品牌形象一般,资金回笼慢。

(3)鞋业超市的优点是产品丰富,价格较低,可选择性大,资金回笼快;缺点是品牌形象有所弱化。

(4)电商渠道随着电子商务的发展,优势日益凸显,越来越多传统的线下商家开始转战线上。虽然线上的销售量呈逐年增长态势,但销售方式依然粗放。

在互联网时代,以上渠道的弊端日益明显。以开实体店为例,90%的资金要沉淀在各个流通环节,其中库存占了绝大部分资金比例,而且经营门店成本高,客流没有保证。即使开了网店,如果不进行模式创新,也很难做起来。为什么会这样?因为99.9%的网店不能从根本上解决一个问题——让顾客买到尺码最适合的鞋。这是用户网上买鞋最大的痛点。谁能够帮助顾客消除这个痛点,谁就能赢得更多的市场。

通常,我们从网店买鞋,会选择自己需要的尺码。比如,平时穿42码的鞋,网上买鞋的时候我们就会选42码的。有时商家会说:"我家的鞋尺码偏小,你可以拍43码的。"这时,我们就会犹豫:43码会不会有些大，收到鞋子后如果不合适还得退货，好麻烦，还是算了，再找一家看看。最后从另一家网店拍了一双42码的，收到鞋子后，穿上却有些勒脚，售后说："这款式的鞋子偏瘦，你应该选双运动款的鞋。"

试想，如果有这么一个APP平台，它根据顾客提供的一些测量数据，能够模拟出其脚的模型，然后用这个模型去试穿不同款式的鞋，并以最快的速度帮顾客找出哪款鞋更合脚，那它还愁没有生意做吗？比如，用户下载了这款APP以后，可以通过平台引导，生成自己的相关数据，平台根据这些数据会帮用户的脚"建模"。以后用户线上买鞋时，只需要向商家提供其专有数据：脚的长度、脚的宽度、身高、体重等，商家便会推荐适合的款式与尺码，一次性帮用户选到最合适的鞋，避免了来回退换的麻烦。

可见，一个模式上的创新，就可以让传统鞋业走出同质化竞争的泥潭。那这种商业模式如何实现呢？

基本的商业逻辑如下。

1. 要帮助品牌方实现鞋的数据化，并建立相关的数据库

也就是说，在售的每一品牌的每一系列的每一款鞋，都要进行数据化，即测量完鞋的详细数值后再上架。

2. 对数据进行智能化处理

建立脚与鞋之间各项数据的对应关系，即某一款鞋适合的脚的各项数据范围是多少。

3. 平台需要对顾客的脚进行数字建模

比如，让顾客提供几个关键数值，只要向相关系统输入这些数据，就会自动生成脚的模型，它与真鞋之间的误差很小。这里，顾客也可以自己在线提交测量的数据，并生成模型。当然，未来将会更多地采用3D扫描来建模，即通过3D扫描设备，在线来生成较为精准的脚部模型，实现通过VR试鞋。

4. 精准匹配

商家根据数据的对应关系，为顾客筛选出多款合适的鞋供其选择。在为用户带来非接触式虚拟匹配体验的同时，也将用户脚部数据与购买记录上传至云端，不定时为用户提供鞋的最佳匹配方案。

特别是对于鞋企，可以通过这种模式发展一种新的零售业务——在线个性化定制，或者根据品牌方的需求进行批量定制。如平台在获取顾客双脚的相关数据后，让顾客在线选择鞋款、颜色、纹绣、图案等，然后为顾客生成订单并进入生产系统，然后在很短的时间内，顾客就能看到适合自己的成品鞋的样子。

综上所述，这种模式不但能够实现线上线下相融合，而且极大地降低了企业的经营成本，提高了生产、流通等各个环节的效率，还帮助企业解决了最大的痛点——库存，同时也化解了顾客的后顾之忧——退换货。

坚果行业：再创坚果行业"独角兽"的新模式

近几年来，伴随着用户的消费水平升级，零食行业发展步入快车道。截至2020年，我国休闲食品市场规模超过1万亿元，其中坚果行业市场规模达1800亿元，较10年前增长了近2.5倍。随着坚果市场规模的稳步扩大，未来，坚果行业将成为快速消费品市场中最具前景、最具活力的行业之一。

虽然现在坚果行业火爆，尤其是头部的一些企业，如三只松鼠、良品铺子、来伊份、百草园等的销售数据十分亮眼，但是却无法掩盖这些企业的净利润长时间在低位徘徊的事实。究其原因，是由于行业的同质化竞争太严重。同质化具体表现在三个方面：一是产品同质且创新空间较小；二是商业模式单一；三是渠道结构单一且高度依赖第三方的电商平台。在这种情况下，市场竞争常常会演化为"价格战"！而价格战这种恶性竞争，不仅会影响到企业的健康发展，也会增加食品安全卫生风险。

如今，越来越多的消费者开始关注食品的营养成分和健康属性。坚果作为每棵植物的精华部分，其含有丰富的蛋白质、油脂、矿物质、维生素等，这些营养价值对人体的生长发育、增强体质、预防疾病有良好的功效。尤其像核桃、瓜子、松子、板栗、开心果等这些健康、绿色元素较多的坚果，深受孕妇的青睐。

比如核桃，它有益于胎儿的发育。核桃含有丰富的磷脂，能补脑、健脑，有益于大脑的发育。再比如松子，它含有丰富的维生素A和维生素E，以及人体所需的脂肪酸、油酸、亚油酸和亚麻酸，还含有其他植物中没有的皮诺敛酸等。

既然坚果非常有助于孕妇肚中胎儿的发育，那我们可不可以设计一种商业模式，将这个消费群体与坚果行业连接起来，进而打造一个价值闭环，以深挖行业的价值呢？

当然有！下面，我们就来介绍笔者设计的能够再造坚果行业神话的最新商业模式——孕妇每日坚果模式。那这个模式的商业逻辑是什么，具体又该如何实现呢？

商业逻辑很简单。首先，现在坚果市场同质化竞争严重，中小卖家是很难打开销路的。大家都是在赔钱赚吆喝，赚流量。如果背后没有足够的资本支撑玩价格战，是很难打出品牌的。其次，入行门槛低，产品质量参差不齐。这些因素使流量流向有实力的头部电商，新卖家很难在行业立足。所以，我们要转变思路，去追求这样一种商业逻辑：不要做纯粹的销售，而要从用户的需求与痛点出发，进行产品设计与市场细分，以避开正面市场竞争。

这种模式的落地步骤如下。

1. 开发互联网平台

开发一个孕妇专用的每日APP，当然也可以入驻一些知名的电商平台，如京东、天猫、美团等，也可以在抖音、快手等自媒体平台开店，还可以在朋友圈、公众号、微博等平台开设账号。总之，要有一个宣传自己产品与商业模式的平台。

2. 出具权威的检测报告

一定要严格把控产品质量，保证无防腐剂、色素、香精、糖精等成分。因此，要让权威的第三方检测出具食品安全报告。只要保证产品绿色、安全，即便价格高一些，也不影响用户的选择。切不可为了追求外观漂亮，或是更好的口感，而加入一些添加剂等影响人体健康的东西。

3. 合理搭配各类坚果

一定要有经验丰富的营养师全程参与生产，以便针对不同孕期的女性，设计出符合每天科学合理的营养搭配的多款坚果零食产品。例如，针对不同孕期的女性，可设计几款产品，每款产品有不同的坚果搭配。顾客可以根据自己所处的孕期每次购买一箱或多箱坚果，一箱中有多个小包，每小包25～35克，每一包坚果都能满足顾客每一天的坚果营养需要。

4.推送每日坚果配比

每天向孕妇推送当天所需的营养配比方案，最好是一份营养摄入计划表，或是一个有科学依据的菜谱，顺带送上相对应的坚果配比计划。例如，根据怀孕的时间，建议每天早中晚应吃哪些食物，该吃哪些坚果，各自的量是多少等。

平台模式确定下来后，可以先向周边的孕妇推广我们的产品，多收集她们的需求与建议，并不断完善后续的服务。只要她们相信、认可这种模式，我们就可以不断扩展自己的生意圈，慢慢建立起自己的口碑。其实，这也是在做细分市场，在解决孕妇的痛点。随着口碑与平台流量的提升，以及产品、服务的不断优化，慢慢成长为行业的"独角兽"，也未必没有可能。

药店行业：真正解决传统药房痛点的新模式

据国家药品监督管理局发布的《药品监督管理统计年度报告（2020年）》显示，截至2020年底，全国共有《药品经营许可证》持证企业57.33万家。其中，零售药店近24万家，占经营企业数量的近42%；零售连锁企业和门店数量约32万家，占约55.8%；批发企业1.31万家，占的2.3%。

近几年，在药店数量持续增加的同时，我国医药零售药房的市场规模也在不断扩大。2020年，医药零售市场的销售总额已达到4390亿元，预计2030年将突破1万亿元。可以预见，在健康产业不断升级、消费需求不断变化的背景下，医药零售市场规模还将持续扩容，行业竞争加剧，行业痛点亟待解决。

尤其是线下药店，其痛点，除了客户来源单一，获客成本高外，最大痛点就是营业时间受限，即药店很少有24小时营业的，一般晚上9点就关门了。如果有人夜间头疼脑热，想就近买药，却很难找到一家夜间营业的药店。据一项调查显示，有近6成的人希望夜间买药问题能得到解决，其需求量超过了夜间出行和夜间外卖，位于调查结果的榜首。可以说，夜间买药已成为社会性刚需。

有痛点，就有商机。那如何解决传统药房的这个痛点，更好地满足社会的这种刚性需求呢？这就涉及一个新的商业模式，叫24小时无人售药模式：建立一个药房的无人货柜机，购买常用药可以实现扫码—支付—取药一条龙服务，以解决顾客夜间拿药难、拿药贵的问题。

这种新的商业模式有效地解决了传统药房无法保证24小时不间断营业的痛点，其价值与优点主要体现在如下三个方面。

1. 无需值班人员

无人售药机拥有智能化的操作系统，经营者只需按时进货、备货就可以了，并且通过无人售药机的手机端后台系统，可以精确把握设备和市场销售的即时状况。

2. 移动方便

无人售药机精致轻巧，挪动灵活，底部配有万向轮，一个人就可以轻松挪动，小区、大型商场、办公楼、生态公园、院校等均可随意挪动，真正做到了想放哪里放哪里。

3. 支付快捷

顾客可以通过手机扫二维码支付，或通过刷脸支付，尤其是刷脸支付，既安全又便捷，得到了用户的一致好评。

可以说，24小时自助售药机让广大消费者切实享受到了"互联网+医疗健康"的创新成果带来的方便和实惠。如今，随着大数据、云计算、物联网技术的普及，以及人工智能的介入，普通药店运用24小时无人售药模式已不存在技术障碍。

在技术之外，24小时无人售药模式在落地过程中，真正要解决的问题有以下七个。

1. 位置选择要合适

通常，售药机应放在社区、校园这些地方，以方便附近居民、学生、教师等群体。比如，有些大学因为医务室与宿舍距离较远，医务室夜晚和节假日还会停休等原因，使得一些学生发生突发性疾病，如胃疼、腹泻等常见疾病时难以得到及时有效的救治。如果宿舍附近有售药机，会给学生购药带来极大的方便。

另外，大型商圈、繁华步行街、高档写字楼、酒店、车站等地也是放置自动售药机的理想位置。再就是售药机摆放的位置要适中，最好不要超过顾客步行10分钟的距离。

2. 智能语音提示

通过智能语音来及时提示顾客如何操作。顾客在操作过程中，也可以实现和语音助手实时对话，以便通过语音识别功能帮助顾客完成一些便捷操作。即便是老年人，也可以通过智能语音系统来轻松操作机器。

3. 远程咨询功能

自动售药机还需有一项特殊功能，就是"远程咨询"。用户如果遇到不知道怎么用药的问题，可以点击自动售药机屏幕上的"远程视频咨询"按钮，就能和药店的执业药师建立视频通话咨询问题了。

4. 在线问诊功能

通过售药机，可以实现在线视频问诊功能，即售药机有一个问诊的入口按钮，患者通过点击这个入口按钮，可以在线获取专业、安全的用药建议方案，实现对症下药。而且，在线医生还可以给患者开具电子处方，提供电子信息凭条或电子发票。如此一来，无人售药机就可以为患者提供诊疗与购药的一站式服务。

5. 有效的温控管理

售药机一定要有严格的温控体系，因为药品不是一般商品，药品有其特定的阴凉或常温等储存环境要求，所以要对自动售药机在功能和特性方面提出更高要求：要做到可以调节和控制药品储存空间的温湿度，保证每类药品的储存条件符合该药品经营质量管理规范，确保药品质量。同时，药店后台服务中心能实时监控到每台自动售药机，每次销售药品的信息都要详细记录，保证数据实时上传，便于追溯以及药店对药品进行养护管理。

6. 及时补货换货

每天都要有工作人员对药品质量和销售情况进行检查，并及时补货换货。补货时，一定要检查药品条码及包装是否完好，检查放置位置是否正确，补完的药品要遵循先进先出原则，尽量避免空架。

7. 下单与取药

售药机不仅支持扫码下单，也支持在线下单。如果已经在线下单，用户只需在售药机输入取货码，就可以取走在线下单买到的药品。售药机还要支持24小时扫码、取药。如果遇到要购买的某种药卖完的情况，用户也同样可以下单，平台收到订单后会让外卖骑手从其他有货的售药机或者药店取药，然后给下单的用户送药上门。

在操作方面，流程要尽可能简单。以购药为例，只需保留"购药""确认""结算""取药"几个模块，整个操作下来不要超过100秒。即使用户第一次使用，只要看到机器演示的购药流程，就能操作自如。

只要能解决以上问题，不论是"无人药店"，还是"无人售药机"，抑或是"24小时外卖送药"，都能开启社区智能自助售药模式——改变产品格局、打破传统销售模式、创造更大销售空间——在实现更大商业价值的同时，也引领了医药零售行业未来的发展趋势。

近视治疗系统：一个让家长欲罢不能的新模式

我国是世界上近视发生率最高的国家之一。据国家卫健委公布的相关调查结果显示：2018年全国儿童青少年总体近视率为53.6%，其中小学生为36%、初中生为71.6%、高中生为81%。学业压力大、缺少户外活动、过度使用电子产品、整体防控意识低等因素被认为是导致我国儿童青少年近视高发的主要因素。换个角度看，儿童青少年近视防控市场巨大，这给视力矫正行业带来了广阔前景。预计，2022年我国视力矫正行业市场规模将达到2000亿元。

孩子患有近视眼后，家长通常采用的方法是，到医院或者专业的配镜店验光、配镜，但是佩戴眼镜是无法治愈近视眼的，这也是所有家长的一个痛点。除了选择配眼镜外，还有极少部分家长会选择让孩子做近视手术，或者通过近视治疗仪来矫正孩子的视力。因为近视治疗行业鱼龙混杂，所以，家长切莫病急乱投医。如果是真近视，从发病原理上看，其无法逆转，目前也没有有效的保守治疗方案。如果是"假性近视"，则可以通过一些科学的矫正方法，防止其转变为真近视。

有一家眼科医院，研发出一套视力矫正训练系统，可以有效地缓解孩子眼部疲劳与近视度数加深，甚至还能让一些近视的孩子短时间内摘掉眼镜。但是受困于"近视眼不能治疗""视力矫正不靠谱"等观念，该医院不能有效地推广这套视力矫正训练方法。

怎么才能改变视力矫正的商业模式，让更多的家长看到它的有效性呢？这就涉及了互联网。

笔者的学员眼科医院创始人王总前来请教，笔者帮他设计了一个全新的商业模式，让这家眼科医院开发一个APP，专门提供视力测试功能。一些家长在亲自测试过之后，觉得测试结果很准确，便会让孩子来测试，这款APP会根据用户的测试结果给出一些科学的用眼建议，或者给出具有针对性的眼部训练方案。

家长们觉得这个APP很实用，能全面监测孩子的视力情况，告知孩子的视力是否有下降，除了监测、提醒功能外，还有报警功能，是一款非常实用的APP。经过家长们的自发传播和分享，在短时间内这个APP的下载量就非常惊人。

在拥有了一定数量的粉丝后，医院开始向线下导流。怎么操作呢？很简单，鼓励家长在APP分享界面互动分享这款APP帮助孩子护眼的心得，然后从中抽出一些用户，赠送3次免费的线下视力测试、眼部护理等服务。通过线上线下用户的不断互动，医院的口碑也建立起来了——

"这些视力矫正训练方法效果不错""眼科医生很专业""服务很好"……

随着线上的用户数不断增多,为了更好地满足顾客多样化的需求,在线下,医院不但提供专业的视力检测业务、眼部保健服务、视力矫正训练,还引进了更先进的近视治疗体系,并聘请国内一流的眼科专家不定时前来医院坐诊。

这家眼科医院的成功,关键在于互联网。它摒弃了传统行业的引流方式,通过线上整合流量、线下承接流量,以及全渠道的数据化运营,摸索出了一套深受家长欢迎的新模式。

1. 在客户端构建线上线下一体化的体验闭环

例如,在线上配置人脸识别功能、AI试戴、线上检查等技术,让用户在线上就能实现检查并做出方案选择;医院在线下配有精密的检测设备和专业的医师,不仅执行最严格的检查标准,还为用户提供可行性方案建议,指导用户选择最适合自己或孩子的体系。

2.线上线下的数据打通,也提高了其内部运营的工作效率

例如,订单系统把前端数据和专业人员打通,让专业人员直接接收用户需求,从而提高整体的运作效率。

当然还有一点很重要,那就是线上线下会员的共享,而不是将线上与线下看作两个独立部门,将同样的产品与服务卖不同的价格。

移动互联网时代,人人都是自媒体,顾客在哪里,我们的店就在哪

里。所以，在做线上向线下导流时，一定要抓住用户的痛点，要有目的和方向。许多近视治疗行业的商家，在搞促销、营销的时候，就像是超市大卖场发促销传单，毫无目标性，就是广撒网，等着人上钩。这样的营销，成本高昂又低效。

对于视力矫正行业而言，线上人气再旺，终究还是绕不开线下的体验，但传统的零售模式又受限于物理空间，流量效率没有保证。所以，不论是实体眼科，还是近视治疗系统，都要利用好互联网，让客户以为你在做监测视力的平台，其实你在做你的产品推广，这种互联网上"声东击西"的方法值得借鉴。

冬虫夏草：一个全新的尽善尽美的原创模式

冬虫夏草是我国独有的珍贵药材，在云南、四川、甘肃、青海、西藏等地都有分布，因其只产于高海拔的空山野地，产地产量极其有限而更显名贵，其价格昂贵，素有"黄金草"之称。近十几年来，我国的冬虫夏草年产量呈波动趋势，但基本维持在100吨左右，占全球总产量的98%以上。

相较于产量，市场对冬虫夏草的需求一直在增长。以2020年为例，一些研究资料显示，该年我国冬虫夏草产量为159吨，而市场需求量超过了220吨。2030年前后，我国会进入"深度老龄化"社会；2035年，65岁以上人口将超过4亿；到2040年，我国人口老龄化进程达到顶峰。冬虫夏草既是健康产品，又是中老年滋补养生的重要中药材之一，在未来20年，人们对冬虫夏草的需求量只会越来越大。

但是，所有从事这个行业的人，或者购买冬虫夏草的人，都会碰到同样的让人头疼的问题，就是很难证明一些冬虫夏草的真正产地，或者没法了解它的品质。很多时候，大家看着品质不错的冬虫夏草，其实它不是野生的，是人工培植出来的。

除了品质外，还有一个问题就是价格。冬虫夏草属于名贵药材，本身就价格不菲，从它们被挖出来的那一刻起，还要经过收购商、批发商、代理商、零售商等一些中间环节，经过层层加价后，最终到客户手里价格可能翻了不止2倍。

鉴于冬虫夏草的价格昂贵，所以能消费得起的客户群体也相对较小，通常，这类客户除了要有一定的经济实力外，还有一些特殊的需求，如送礼、尽孝等。总之，这样的客户也不容易找。

以上所述，是制约冬虫夏草销售的三大痛点。笔者有个客户王总是做自培植虫草菌丝的，这种产品几乎可以替代野生虫草。王总曾因类似的销售问题来找我，我帮他设计了一套全新的商业模式，以大家放心的真冬虫夏草的活动来吸引更多忠实的客户。这样一种模式，能够让很多不相信虫草的客户立即建立信任。模式如下：通过组织"为父母尽孝心"的活动来挖掘潜在客户，同时增加现有客户的黏度，进而实现双赢，并提升自身的品牌影响力与行业美誉度。

下面简要介绍一下这种活动的具体形式。

1. 明确活动的意义

活动的意义是，组织客户亲自到藏区或者青海等一些高海拔地区，实地学习如何寻找、识别、采挖冬虫夏草，增加客户对虫草的认知；同时，客户用自己亲手挖来的冬虫夏草孝敬、感恩父母，会感觉这种活动别有一番意义。

2. 安排好活动时间与地点

必须详细说明活动的起止日期，这次活动共有多少人参加，行程安排是怎样的，期间都有哪些常规性的活动。活动时间与地点一定要考虑周密，充分考虑到各种客观情况，比如，有关挖掘冬虫夏草的政策因素，以及地理条件、天气条件、安全保障措施等。

3. 组织好每一次活动

在整个活动期间，一定要做好各项组织工作。比如，讲解员在做关于冬虫夏草的知识讲座时，要提前做好相关功课；或者组织大家到某地游览时，要提前联系好导游等。

4. 做好安全保障工作

去高海拔地区进行户外活动，不论参与人数多少，一定要提前成立安全小组，并指定第一安全负责人。每个可能的环节，都要做好安全预案，充分考虑本次活动的各种安全隐患，一定要把人身安全放在首位。

在整个活动过程中，客户既可以自己上山亲自为父母及其他家人采挖冬虫夏草，又有机会从当地一些采挖者那里购买到真的冬草夏虫。客户自己亲手采挖的冬虫夏草，品质看得见，客户这满满的诚意，不但父母及其他家人看得到，其朋友圈的好友也看得到。通过这次组织客户实地采挖冬虫夏草的活动，不但能让大家实实在在地掌握相关的冬虫夏草知识，还能让客户以优惠的价格购得保真、保质、保鲜的冬虫夏草，同时，也可以拉近企业与客户之间的关系。有老客户做背书，商家也很容易建立起好的口碑，赢得更多的新客户。用一句话来说，就是"要持续赢得客户的支持，商家不但人品要好，冬虫夏草的品质也要好"。

为了赢得客户的信赖，在活动开展过程中，一定要做两件事：一是在冬虫夏草采挖地发货，即从哪里收购，就在哪里发货；二是通过多平台直播展示冬虫夏草的采收过程，最好让客户现身说法，这样不但能吸粉，而且更容易赢得大家的信任。很多客户在现场亲手挖掘了冬虫夏草，也知道了冬虫夏草的珍贵，所以慢慢地，客户对王总的自培植菌丝也开始感兴趣，王总收获了很多忠实的粉丝。

过去，大家都认为"酒香不怕巷子深"的模式并不适用于冬虫夏草电商，其实不然。在互联网时代，信任是变现的基础，整个行业关注冬虫夏草、买卖冬虫夏草的人就那么多，你不能让客户相信你，客户根本就不会选择你。组织"为父母尽孝心"这样的活动，就是为了让客户能亲眼所见，不得不信，然后通过客户的分享让更多的客户主动找你。这些就是高品质客流，因为他们更容易引流和变现。

纽扣行业：让一类人为之钟情的商业模式

在人们的观念中，纽扣生意算不上大买卖，赚不了多少钱。很多人都看不上它，也不屑做这个小众行当。你可以尝试去问身边的人："如果有机会，要不要尝试开家专卖纽扣的公司呢？"相信，得到的答案基本上会是：

"这也太小众了吧，没什么搞头。"

"做什么不好，再说，你卖给谁去？"

"这个从来没有想过，也不会考虑。"

其实，纽扣虽小，但是纽扣市场却不小。我国是世界上最大的纽扣生产国和出口国。据数据显示，2020年，我国纽扣出口量为39044.0吨，出口金额为41163.5万美元；进口量为16792.1吨，进口金额为22349.5万美元。

很多人之所以觉得做这行没出路，首先，是他们不了解纽扣这个市场，对这个行业缺少一定深度的认知；其次，他们天然地认为，做这行就是和服装厂合作，薄利多销，其实，这种模式20年前就过时了。

纽扣行业虽然是一个传统行业，但是就当下来说，也可以称得上是一个冷门行业。毕竟，现在很少有人会自己缝制衣服，靠零散的客户，根本支撑不起一个店面。那是不是这个行业就不能碰了呢？

当然不是！

只要改变其商业模式，冷门也能做成热门。现在是互联网时代！人们的消费观念已不再是十几、二十年前的样子。当时，人们买纽扣，买的是它的功能，今天，在这个基础上又多了一些情绪表达，甚至是社交属性。这就是纽扣行业的新商业逻辑。但是，又有多少人能真正看到这一点呢？

其实，在很久之前，聪明的古人就想到了这一点，并赋予了扣子一些特殊的寓意，尤其对于年轻男女，常通过扣子来表达彼此的爱意。比如，有对夫妻非常恩爱。有一天，丈夫要远行，离家之前，妻子会重新缝一次他衣服上的扣子，把自己对丈夫的不舍之情缝进衣服的第二颗扣子里，并亲手扣好这个扣子。寓意是：不管你走到哪里，都不要忘了我，都要记得家中有一个人一直在等你。

为什么偏偏是第二颗，而不是其他位置的扣子呢？因为衣服第二颗扣子的位置最贴近心脏，最能感受对方的每一次心跳。

由此可见，在很久之前，扣子就具有了情绪表达的属性。今天，随着快时尚的兴起，纽扣除了可以嫁接情绪，还可以具有社交属性，这也是我们对这个行业固有的商业模式再造的价值所在。

具体来说，如何得体地展现纽扣的社交属性，进而让其成为一种新的、隐形的社交工具呢？

1. 让纽扣会说话

这不是在变魔法！做法其实很简单，只需对传统的纽扣进行一些DIY（Do It Yourself，自己动手制作）就可以。比如，你可以做"GOOD"纽扣，也可以做"HAPPY"纽扣。怎么做？不是简单地在纽扣上刻字，而是把纽扣原来的四孔变成九孔，用针线缝出对应的英文字母和符号，当然，也可以随意搭配其颜色。试想，如果你今天心情不好，也不想与他人交流，那你可以穿一件这样的上衣：衣服上的7个纽扣从上到下排列成英文"Sadness"。别人一看，无需多言，便知你现在的精神状态。

对于厂家来说，既可以生产这种"会说话"的纽扣，或五个一套，或七个一套，每个扣子上面都有英文、中文、符号等，可以把纽扣排列成具有一定寓意的单词或是句子，也可以生产九孔的纽扣，方便买家自己DIY。

2. 做成卡通形象

试想，一个活泼可爱的年轻女孩，身穿一款时下非常流行的上衣，但衣服上面缝的却是很常见的大黑扣子，会给人一种什么感觉？是不是少了些动感与时尚。如果给上衣换上可爱卡通形象的纽扣，会不会更能突出女孩的时尚感?

把纽扣做成形象各异的卡通形象,更能突显出年轻人的审美与情趣。例如,可以将纽扣做成年轻人喜欢的各种动漫形象,每个形象还可以做出多种表情、颜色。如此,平凡的纽扣立马会变得神奇而独特。

3. 做成空纽扣

有没有想过,如果把衣服上的纽扣做成空心的,并在里面装上一些可以发光的彩色液体,会是什么样子?相信,一定会引起小朋友的好奇心。这就给了我们一个思路:针对儿童的心理,可以设计一些在衣服、鞋、帽子上都可以使用的空心纽扣。

4. 私人定制

纽扣虽然不起眼,但每个人都离不开它,但是大家衣服上的纽扣"长相"几乎都是差不多的,没有什么特点。那可不可以通过纽扣来实现一些个性表达呢?当然可以。比如,商家可以应用户的要求,在纽扣上印上用户指定的图案等,也可以按用户的衣物所需纽扣的数量来定制用户指定的文字,如一件衣服需要6粒纽扣,则用户可以指定印上"有志不在年高"6个字,个性一下就展示出来了!

纽扣行业虽然是地道的传统行业,但是最古老的生意恰恰有着最长久的生命力。要让这个行业焕发新机,就要在产品与营销模式上不断创新,甚至要从根本上颠覆传统的商业思维,如此,才能商机无限。

白酒行业：平台不卖酒但是让客户永远离不开你的模式

白酒，又称烧酒，是我国特有的一种蒸馏酒。我国白酒的独特工艺，造就了白酒独一无二的品质，成为人们眼中的"粮食精"。

作为食品饮料行业的核心，白酒市场规模较大、产量较高。2021年1月31日，中国酒业协会官方微信号发布了2020年全国酒业经济指标，2020年全国酿酒产业规模以上白酒企业累计销售收入达到5836亿元。目前，白酒板块按照不同价格档次分为低端、中端、次高端、高端四种类型。其中，低端和高端竞争格局较好，行业龙头明确，龙头竞争优势明显，例如茅台、五粮液；次高端竞争相对激烈；中端竞争比较激烈，没有明确的龙头公司。

近几年，互联网改变了我们生活的方方面面，而传统的白酒行业则作为一个最难被互联网改变的场景，逐渐陷入了经营困境。特别是2020年以来，在新冠肺炎疫情的影响下，直播带货、线上发布会、社群、电商等行业越来越火爆，貌似也给白酒行业带来了新的机遇，但也充分暴露了这个行业亟须解决的两大痛点。

1. 行业同质化竞争严重

目前，白酒行业的同质化现象非常严重，很多白酒企业将"酿酒"简单粗暴地异化成"造品牌""造声势"，比如，大家都看到了"水井坊""国窖1573"的成功，于是，很多白酒企业开始一窝蜂地"造坊"和"挖窖"，一时间，各色"年份"酒、"坊"酒、"窖"酒、"原产地"酒充斥于市井，让人眼花缭乱。

这就像开餐馆一样，一道水煮鱼，100家餐馆可以有100种做法，有人喜欢吃这家的水煮鱼，自然也会有人喜欢吃那家的。结果呢？因为某一家店营销做得好，生意火爆，水煮鱼成了这家店的招牌菜。于是，其余99家卖水煮鱼的店便争相模仿这家店的做法。最后，100家餐馆都在用一种水煮鱼做法。

白酒行业也是如此，而且同质化体现在太多方面，比如：名字、包装、品质、文化、历史、工艺、产地，甚至连产品的广告语都不放过，无非就是"产地尊贵""年代久远""口感醇厚"，你叫"十年陈酿"，不好意思，我是"十一年陈酿"，总要比你多一年。

2. 消费者对市场缺乏信任

行业公认的龙头就那么几家，谁家的酒好与不好，消费者有自己的评价。没有人会说自己家的酒不好，都说自己的酒是通过核心技术酿造的，工艺烦琐，用料讲究……即使广告打得再响，如果消费者一致认为你的酒名不副实，那你的酒八成好不到哪里去。说茅台、五粮液不好的，也大有人在，但肯定还是少数。这就是一个信任问题。

目前，酿酒行业的门槛并不高，有大量粗制滥造、假冒伪劣产品充斥着白酒市场。比如，有的产品仿造名酒包装，误导消费者；有的明明是勾兑，非要说是陈酿；有的找明星代言，进行虚假宣传等，让消费者对白酒这个行业产生信任危机。

基于上述行业痛点，如果行业环境不做大的改变，仍然用传统的营销思维继续做这个行业是行不通的。尤其是行业新人，你有平台优势吗？你有资金优势吗？你有渠道优势吗？你有流量优势吗？以上这些，你都没有！

那怎么办？改变商业模式——不卖酒，卖价值感——让客户永远离不开你，并愿意为你家酒的溢价买单。下面，简要阐述一下笔者设计的这种商业模式的逻辑。

1. 自建平台

因为模式的特殊性，一定要自己开发一个平台，要有自己的数据库。因为这个模式涉及"拍卖"，必须要有相应的拍卖功能。这个平台大体分为三个主版块，分别是交易场所、展示平台和检测平台。交易场所类似于网店，有出价、加价、完成交易等功能；展示平台可以通过VR全景技术展示各种酒的详细信息，包括生产厂家、年份等；检测平台主要用来鉴定产品的真伪，直接链接政府或者企业官方的相关产品的鉴定网站。

2. 选具备收藏价值的产品

要上架哪些酒好呢？不是什么贵选什么，或者哪个牌子大选哪个牌子。选品的标准有很多，需根据具体的经营情况来定，但有一个硬性标准是坚决不能舍弃的，那就是产品一定要"具有收藏价值"，因此，最稳妥的做法就是选一些高端的限量版的产品。

3. 设定每日溢价金额

在选好产品之后，把它们投放到平台上，并设定好产品的每日溢价金额。比如，某款产品拿货价2000元，可以设定每日溢价金额为1元，也就是说，这款产品每天"增值"1元。可能有人会有疑问："这个产品如果放100天还没有卖出去，那是不是它就要卖2100元？但是现实情况是，如果这时从厂家那里拿货，这款产品活动价才1800元，你怎么能卖得出去？"

很多人都有这样的疑问。其实，平台卖的就是酒的收藏价值，并且这个酒本身就具备收藏价值，而且这种价值会随着时间增值。同样的产品，平台上这瓶酒是2000年出厂的，卖3000元，而刚从厂家那里2000元拿到的酒，可能是一个月前出厂的，谁的收藏价值会更大？可想而知。

在这里，简单讲一下"溢价"，它是白酒行业中的一个高频词。什么是溢价？溢价，指超过产品自身价值那部分的价格。例如，一款普通的二锅头酒，标价20元，一款名酒则卖200元，二者工艺、口感相差无几，你卖20元不能算便宜，我卖200元也不能算贵。为什么？因为有人愿意买单，就这么简单。你认为卖200元的酒只值50元，那多出来的150元就是你眼中的"溢价"。所以说，"溢价"这个东西，仁者见仁，智者见智。

4. 通过成交获得溢价

有人会问："这个市场竞争那么激烈，别人降价还卖不出去，你却每天都在涨价，市场2000元的酒，不管你标价是多少，卖不出去还不是等于零？"

可以这样说，一瓶酒到底值多少钱，市场价是一个衡量标准，但它的收藏价值往往高于市场价，至于高出市场价多少是合理的，一是与购买者的承受能力有关；二是与购买者的认知程度有关。即市场价2000元的酒，平台卖8000元，这瓶酒在没有成交之前，只能说这瓶酒的价值没有被兑现，一旦有人"接盘"，那它的价值就值8000元，同时平台就可以获得6000元的溢价。如果没有人买，那它一直在溢价。

综上所述，可以简单地把这种商业模式理解为：卖酒就要跳出酒，而做一个能够溢价卖酒的平台。这涉及商业思维的转换，不然，你想通过某个平台去卖酒，肯定是卖不出去的。之所以有人愿意为溢价买单，是因为他觉得"值"，为什么值？关键不在这瓶酒的价格，而在它的价值感——既有物质层面的,又有精神层面的;既有情感层面的,又有文化层面的——一瓶酒背后蕴含着的这些属性。对消费者来说,这是他经济实力、身份地位和时尚品位的一种体现,他不会拒绝为这种"美好"买单。所以说,这种商业模式不是在卖产品,而是在卖价值。

社交平台：一种全新的年轻人场景社交的模式

近几年来，随着消费升级的加快，娱乐行业发展迅速。比如，市面上的酒吧琳琅满目，不同类型的酒吧吸引着不同群体的年轻人。特别是一些独具特色的酒吧，非常契合现在的年轻人群追求新鲜潮流的心理，日益成为他们的新选择。

尤其是在一些大中城市，越来越多的年轻人在告别白天快节奏的工作后，夜晚会选择在酒吧尽情地释放各种压力，有人将酒吧当作忙碌生活的小憩处，也有人把酒吧当作结交新朋友的社交场所。

2021年，据报道显示，我国单身人数已超2亿。尤其是在一线城市，单身的年轻人越来越多。在大城市生活对他们来说，最大的痛点不是工作，而是社交，这也直接影响到了他们的婚恋。

正是基于都市单身男女这个痛点，一些附带社交场景的酒吧开始受到年轻人的钟爱，因为在那里，他们可以吃饭、聊天、交友、做游戏。相较而言，那些传统的娱乐性酒吧正在逐渐退出市场。因为传统的酒吧没有社交氛围，大家在这里基本都是"低头一族"。

毕竟，现在的酒吧卖的不是酒，而是氛围。酒吧只有自带社交属性，迎合单身用户的社交需求，才能打造自己的核心竞争力。那如何突显酒吧的社交属性，让客户喜欢上酒吧的社交场景呢？这需要改变传统的运营思路，重新设计一套商业模式。下面我们简要地介绍一下笔者设计的这套模式。

1. 沟通模式

为了便于陌生人之间快速建立起沟通，酒吧现场有一个社交平台APP叫"喵喵"（meal），单身男女通过扫码入群后，可以在群里搭讪、聊天。

试想一下这样的场景：酒吧内，大家都是陌生人，其中有一人端着酒杯，逢人就搭话：

"美女，很高兴认识你。"

"帅哥，能留个微信吗？"

场面会不会有些尴尬呢？

其实，大家都有相互认识的渴望，只是这种交际方式太过直接，容易让人不适。那怎么办呢？在"喵喵"群里，你可以与群里的任何人搭讪、互动。当然了，在群里搭讪的时候，最好能打一点赏。如果和群里某人聊得很投机，相互约一下，你们马上就可以见面。这样既避免了现场直接搭讪可能带来的尴尬，同时也增加了相互交流的机会。

2. 近距离社交

"喵喵"是年轻人在酒吧内比较喜欢的一种社交方式。客人只要下载了"喵喵"APP，就能看到你附近的异性朋友，距离你多远都能看到。该朋友到达你设定的距离后，双方的手机都会发出"喵"的声音，这样既避免了尴尬，也能偷偷看到对方，可以把这叫作：相逢何必曾相识！

3. 土豪互动

在与"喵喵"社交平台合作的酒吧内，土豪可以进入土豪专区，给全场发红包的土豪绝对是全场最酷的人。有些人抢到红包后也会来找土豪敬酒表示感谢，这样就创造了更多和陌生人认识的机会，土豪之间当然还能比拼，这样社交和赚钱两不误，哪个酒吧不喜欢呢？

4. 适用于任何场景

"喵喵"社交平台立足于线上，但是运用于线下，更重要的是，不管什么场景，下载了"喵喵"（meal）APP的年轻人可以把任何地方变成"年轻人的线下社交平台"。

这种让客户在场景内社交的模式打造了一种全新的"陌生人+陌生人"的社交空间，它既拉近了客人与客人之间、客人与商家之间的距离，又很好地满足了年轻人在快节奏的生活中交友、择偶的现实需求。

酒店行业：一种让酒店永远满房的模式

近几年来，随着生活水平不断提高，人们更加注重精神享受，我国酒店住宿行业的销售收入总体呈逐步上升趋势。与此同时，旅游业的快速发展，游客住宿需求的上升，也推动了酒店业的快速发展。据调查数据显示，截至2020年，国内的酒店数量超过80万家，客房数量超过2000万间，我国酒店业是全球最大的单一市场，其市场规模与需求巨大。

近两年，虽然受新冠肺炎疫情的影响，我国人均旅游消费及旅游人数出现大幅度下降，但随着新冠肺炎疫情形势好转，未来人们对旅游出行的需求还将持续提升，使我国酒店住宿业呈现稳步增长的态势。但是，面对巨大的市场需求，我国的酒店行业却陷入了严重的同质化与恶性价格战的怪圈。

大多数酒店都跳不出这个怪圈，导致酒店行业的平均出租率只有65%，也就是说，平均每三间客房，就有一间是空置的。换个角度看，一些生意好的酒店，其入住率如果能高达80%，那么，一些生意差的酒店，其平均入住率可能不足50%，淡季时的入住率甚至只有20%。

所以，入住率是酒店行业最大的痛点，如何让酒店在旺季的时候客满，淡季的时候也客满，这是每个酒店从业者都在思考的问题。

有人可能会说：那把住房价格压下来，酒店入住率不就上去了吗？从市场竞争的角度看，逻辑上是这样的，但是，这里有一个问题，如果把原价400元一晚的房间降到200元一晚，看似酒店入住率上去了，但是总体收益并没有增加。当然，还有一点非常重要，那就是酒店的形象也会因为降低价格被拉低，给人一种"这家酒店的服务就值这么多钱"的印象。

所以说，公开降价并非上策，它会给酒店品牌与形象带来极大的伤害。那有没有一种模式，可以高效地清理"剩余库存"，以提高酒店房间的使用率与整体效益呢？

当然有！下面介绍一种笔者设计的提升酒店入住率的商业模式——分时空房模式。

在讲述这个模式之前，先来了解一个经济学概念——"边际成本"。简单理解就是，产量增加或减少1个单位所引起的成本变动。它经常被用来衡量增加或减少产量在经济上是否合算。对酒店运营来说，也要学会计算酒店的边际成本。假如某酒店一共有100间客房，其中50间有客人入住。服务这些客人，酒店会产生一个总成本。我们姑且把这个总成本计为2000元。平均算下来，一间客房的成本是40元。如果酒店的入住率是80%，即，有80间客房被预订，那是不是酒店产生的总的服务成本就是3200元呢？当然不是！这是因为，多服务一个房间，并不需要再多支付地租与装修费，更不需要多聘一个服务生，酒店增加的主要成本为：水电费、一次性洗漱用品，以及床单毛巾等的洗涤费。这些费用加起来一定是小于40元的。而且，酒店入住率越高，单个房间的运营成本就越低。所以，当酒店入住率提高至80%，总服务成本一定是低于3200元的。这时，只要每个房间一晚的价格高于40元，酒店就是有利润空间的。

在了解了酒店的边际成本后，再来看笔者设计的这个商业模式的落地方案。

1. 一个互联网平台

要有这样一款APP，它是集旅游、社交和年轻人的生活方式分享为一体的新型酒店预订服务软件。这款APP要与多家酒店的预订平台合作。也就是说，这款APP要整合当地大多数的酒店资源。只要客人下载了这个APP，就可以轻松查找、预订当地这些酒店中的任何一家。

2. 推出"分时空房"

通常，到了晚上六七点钟以后，大多数酒店会有一部分房间无法预定出去。而且时间越往后，这些房间被预订出去的概率就越小。并且，酒店也不愿意打折，或者只在自己的酒店平台上给出一个很高的折扣。这时，我们可以与酒店建立这样的合作：晚上过了6点，酒店先检查自己的空房数量，预计将有多少房间空置，可以挑选空置房间的一部分库存以一定的折扣价格放到这个APP平台上售卖。如果有人需要，可以直接在线下单。这样，就相当于把一些当天不能产生收益的资财盘活了。

当然，还有一种合作方式，就是分时间段销售酒店的房间。酒店的所有空置房间都可以放到APP上。空置房间白天可以走正常价；到了晚上6点是一个价，可以设置成八折或九折；到了晚上7点，又一个价；过了晚上10点钟，又是另一个价格。

这个平台链接了很多酒店，到了晚间，平台几乎每时每刻都会推出一些特价房，对于客人来说，实时都有惊喜，可以随时查到现在有哪些酒店还有空房，而且订房的时间越往后，折扣会越大。这种合作方式的逻辑其实很简单，就是整合每个酒店里没有被预订出去的房间，平台会在一定的时间节点以更低的价格把它们预订出去，这样不但帮助酒店销售剩余库存，而且帮助顾客获得高性价比房间。

这种商业模式对用户与酒店都是非常友好的。对用户来说，只需打开APP，就能实时看到此刻哪间空房最具性价比，还可以根据距离、星级、价格、酒店风格等个人喜好，方便地查找和预订到特价房间，以更实惠的价格享受更舒适的服务。

对酒店而言，这种模式方便灵活，每天都可控，酒店只会在自己空房很多时将这部分剩余库存通过APP这个渠道低价销售，而且不会损害其他正常售卖的房间利润。

茶叶行业：全新的"共享茶台"模式

我国是茶的故乡，也是茶叶生产大国。近几年，我国的茶叶生产快速发展，茶叶种植面积不断扩大，茶叶产量也不断增长。数据显示，2020年，全国茶园总面积约4800万亩，国内销售量达220万吨。加之我国有着历史悠久的"茶文化"，茶叶有庞大的受众群体，所以茶叶市场前景广阔。

从行业前景来说，茶叶行业是一个传统的朝阳产业。当然，这个行业也是乱象丛生，这严重影响和制约了茶业行业的健康与持续发展。归纳起来，问题主要有以下三点。

1. 标准不一

茶叶种类繁多，光是听名字、产地就让消费者云笼雾罩。在纷繁复杂的茶江湖中，有许多种茶都具有鲜明的地域特色，其品质受到地形、空气、水、土壤、光照、周围植被等的影响。但是，即使大家都清楚原产地的茶叶好喝，也会随时踩坑。为什么？因为茶叶行业里的标准不统一，茶产品等级与市场价格相背离，特别是有些经营者以次充好的做法，让消费者无从防范。而且，消费者很难从外观上去判断一款茶叶的好坏、品质的高低。

2. 有牌无品

提到茶业这行，可以用一句话来形容该行业的现状：几万家中国茶企也比不过一个立顿。虽然是一句调侃的话，但道出了这个行业的没精品之痛。茶业这行长时间处于小而散、无品牌的状态，即便有的有品牌，其与茶叶品质的关联度也很低。例如，每一个价位的茶叶，其等级、品质与口感相差很大，消费者甚至感觉不到品牌和杂牌，甚至与无牌茶叶的真实差距在哪里。100元一两的茶叶也能喝出10元一两的味道，20元一两的茶叶也不比200元一两的差多少。可以说，产品不过硬，牌子是很难立起来的。如今，茶叶市场已进入深度垂直的时代，一个产品要一挖到底，精耕细作，只有先做强产品，才能再做大品牌。

3. 价格混乱

很多人在喝到从专卖店买到的茶叶后，经常会犯嘀咕：这罐茶，到底值不值这个价呢？茶叶作为一种普通的商品，却有着很大的价格水分，而且市场没有统一的定价体系。同样品质的茶叶，用简易包装，卖20元一袋；换个桶装，可能要卖到100元一桶；放到精美的盒子里，就成了送礼的佳品，甚至能卖到几百元一盒。普通的消费者，由于缺乏专业的茶知识，通常买到一款茶后，他们很难判断茶叶的原料如何，加工工艺是怎样的，是否真的值这个价。

综上所述，这些"乱象"严重制约了这个行业的健康发展。对于这个行业的从业者来说，光靠会销售是解决不了这些痛点问题的。再说，即使你有平台，有一流的货源，你怎么让顾客在最短的时间内知道你的茶叶的品质是最好的，价格是最公道的？显然走传统的路线是行不通的。

既然走不通，我们就要创新。结合当下发达的互联网，笔者设计了共享茶台这种商业模式来掘金这个行业。这个模式的整体思路是：建立一个互联网平台，让拥有茶室的商务人士在平台上共享自己的茶室，同时用户可以自带茶叶，茶室里边配备了自动售卖小柜，平台也可以与茶叶专卖店、商场、会所、茶室等合作，用户只需扫码支付，就可以买到自己想要的茶叶。当然了，这些茶叶一定是经过平台严格筛选的，其质量、品牌、等级、口感等是有保证的。

具体来说，共享茶台这种商业模式该怎么操作呢？下面，我们以无人茶室为应用场景进行简要说明。

传统茶室一天最多营业12小时，而无人共享茶室可以为用户提供24小时智能无人（或有人）共享空间。如果用户想来共享茶室消费，他只需打开手机上的共享茶台APP，便可知道有几个空余茶台，哪些茶台已被预约。用户可在线预订无人茶台，到预约茶台地点后，有的茶台可以通过手机订单页面控制智能门禁设备开门，进入包间后，里面的各种设备会自动通电打开。包间内的自动售卖小柜提供了高品质茶叶、专业茶盘、茶具等。顾客可以通过自助售卖小柜自主购买茶叶。

顾客想喝什么茶叶，就用手机去扫描小柜上面对应的二维码，扫码并支付成功后，小柜会自动弹出对应的茶叶。所以，来这里消费有一点非常好，那就是不论谁请客，不论和谁谈生意，大家都可以自助扫码，购买自己喜欢的茶喝。如此一来，在用户进行商务谈判的过程中，茶室就把茶叶就卖出去了。在顾客完成消费，离开后，茶室系统会自动断电。

当然，无人茶室最核心的东西，就是茶叶自动售卖小柜。它与传统自动售货机的功能截然不同，主要是增加了广告运营、大数据管理以及微信、支付宝等在线支付功能。也可以理解为自动售卖小柜是对传统自动售货机的互联网改造，从而实现线下售卖、线上运营。共享茶台的后台系统能够快速获取售货机终端的状态，包括商品销售情况、故障情况等，以便通知运营部门及时地补充货物、解决故障。

受新冠肺炎疫情影响，人们更愿意到环境清静、人员流动小的场所洽谈，而共享茶台很好地营造了私密的喝茶社交空间，与此同时，还能推广我国的茶文化，打造茶叶销售的新渠道。

除了无人茶室，共享茶台这种模式还有很多的应用场景。不只商场、超市、机场、专卖店、展厅等，更主要的场景是商务人士自己公司的会议室或者闲置的空间，它们不仅能用于商务洽谈、朋友聚会、品茶读书、办公会议、沙龙培训，也能满足休闲娱乐、活动策划等更多不同的用户需求，并以用户体验思维对售卖茶叶的各个环节进行创新，通过物联网系统打通线上线下的闭环。

可以说，共享茶台无缝对接了互联网时代，通过物联网技术和互联网技术使共享茶台将线上线下连接起来实现智能化管理，解决了中小型商务会谈、小型聚会等消费场景对于空间资源的需求问题。同时，通过与精选茶场深度合作，改变了茶叶行业标准不一、有牌无品等行业痛点，带给客户全新的消费体验。随着"互联网＋"和"共享经济"的快速发展，网络智能技术越来越广泛地渗透到人们的生活中，可以预见，未来共享茶台模式将会受到越来越多商务人士的青睐。

公益行业：一个以公益为切入点的新模式

我国是世界上最大的发展中国家，目前，虽然绝对贫困问题已得到了历史性解决，但仍然存在一些低收入的困难群体。我国要解决这些贫穷人口的问题，离不开国家在经济、政策上的帮扶，同时，也需要民间公益力量的积极参与。因我国人口基数庞大，地区发展严重不平衡，所以公益事业任重而道远。

公益慈善事业是一种有益于社会与人群的社会公益事业，是政府主导下的社会保障体系的一种必要的补充。据数据显示，截至2020年6月30日，全国共登记认定慈善组织7169个，注册志愿者超过1.72亿人，发布志愿服务项目超过390万个，记录志愿服务时间超过21.9亿小时。截至2020年底，全国经常性社会捐赠工作站点和慈善超市共计1.5万个，捐赠收入1059亿元。可见，这个行业的规模是非常庞大的。

与其他行业一样，公益行业也鱼龙混杂，其中最突出的问题，也是最大的行业痛点，就是筹款难，以及信息披露不足。

目前，我国社会公益事业的经济基础来源于捐赠。近几年来，由于受一些"诈捐门"事件的影响，致使某些传统的公益慈善组织一度陷入信用危机，这也给整个社会公益行业的健康发展带来一些羁绊。筹款难的问题愈发突出，因为大家不相信自己捐出去的钱会被用于该用的地方。特别是一些不知名的中小公益组织，在其为一些助贫活动筹集善款的时候，难免会受到人们的诸多置疑。

除此之外，公益行业还有一个痛点，就是信息披露严重不足，即对于筹来的钱都花在了哪些地方，没有给出清晰的账目。公益机构可能会说用这些钱做了某个项目，但是口说无凭，大家很难相信，大家可能会认为你做了其他投资，或者打着公益与慈善的名号进行诈骗。毕竟，商业与公益应该是泾渭分明的两个行业。公益事业中如果掺杂了太多商业色彩，那这种公益事业就可能变了味儿。

做公益不求回报，讲究无私支持与奉献。那是不是说，公益与商业就一定是对立的呢？当然不是！

如果从长远发展的角度来看，只有走商业思维＋公益的发展之路，才有助于实现公益行业的持续健康发展。那如何让商业与公益合二为一呢？可以借助互联网平台，通过以点对点的形式做公益。例如，我们可以通过互联网平台，做一对一的"视频扶贫"。

随着自媒体的兴起与发展，这种精准扶贫模式将大有可为，它不但突破了时空界限，把捐赠人投进去的每一分钱都用在该用的地方，而且捐赠人能够得到及时、明确的反馈，这既提升了公益活动的效率、效果，也使公益款项最大限度地做到透明化。

例如，某贫困地区的一些孩子急需书包等学习用品。通常，这件事经新闻媒体报道后，来自四面八方的捐赠很快就会送到这里。这时，可能会出现一个孩子分到10个书包的情况！很明显，这是一种资源浪费。

笔者设计了一个互联网平台，采用"视频扶贫"的形式，就不会出现这种资源浪费问题。捐赠机构可以通过在线的方式发布贫困家庭的需求量是多少，并做成视频，然后有针对性地在平台上征集该款项，被捐助者收到所需款项后，第一时间以视频的方式确认。这样，就避免了重复性捐赠。作为回馈，被捐助者也可以提供一些当地的土特产回馈给捐助者们。因为全程都有视频为证，所以捐助者不用担心款项到不了该到的地方。土特产对于捐助者来说，更是礼轻情意重。如此，平台既尽了爱心、责任，又收获了口碑。这种"交换"即是我们所说的"商业"，而非直接的利益回报。所以聪明人看到这里已经发现了，这是一个公益的项目，但是贫困地区却把土特产卖出去了。

下面，我们通过一个例子，来具体谈一下这个模式。

刘某2018年创业，主要做短视频营销。他热衷于公益，时常通过公益短视频来帮助山区的农民卖山货。由于他掌握了短视频的创作与营销技巧，每个视频的播放量都好几万，最火的视频播放量能有上百万。

不到一年时间，他的短视频账号就积累了上百万粉丝。在这之后，他一边助力地方扶贫，一边主打短视频制作+直播带货。2020年，他的公司营业额突破1000万元。与此同时，他制作完成了几十个公益扶贫视频，总播放量突破5000万次，为当地农民带来了600多万元的销售收入。

有一次，刘某帮助村民卖橙子，两天一共卖了2.3万公斤，自己却不拿一分钱的收入。因为他带货口碑非常好，加之又热衷于公益事业，所以有很多商家找他合作。用他的话说："我之所以能把短视频营销做起来，得到大家的认可，也离不开公益带给我的光环。"

在通过短视频、直播带货帮助农民的同时，刘某也会定期拿出卖货所得的一部分利润助学、助困。他说："我曾是一位贫困大学生，靠社会的赞助完成了学业，现在自己有能力了，要更好地回馈社会。"

由这个例子可以看出，公益与商业并不是对立的，二者可以完美契合：公益需要钱，钱怎么来？可以通过商业活动获得。商业就是为了赚钱，而公益又可以很好地为企业的形象、价值观赋能。

不可否认，公益意味着消耗资源，如果只有单纯的消耗，那公益很难持久。所以公益只有适当地与商业融合，并为商业赋能，两者才能各取所需，进而实现公益的可持续发展。你帮助别人销售土特产，或者帮助一些弱势群体销售他们的手工制品，目的不是从他们身上赚钱，或者收取佣金，而是因为这种善举可以打造好的口碑，来为自己引流，进而通过其他的方式去变现。相较传统的只靠社会捐赠来做公益的模式，这种公益模式更有生命力，更有利于调动、整合社会各方面的资源。从这个意义上来说，公益也是可以赚钱的，但绝不是从公益本身赚钱。

洗车行业：9.9元洗车年收入近亿元的模式

近几年，我国汽车保有量逐年增加，据数据显示，截至2020年6月，全国机动车保有量高达3.6亿辆，其中小汽车为2.7亿辆，每年的增长速度约8%，平均每辆车每年的洗车频率约10～40次，全国日均洗车约1000万次。因为这些洗车需求绝大部分被传统的洗车店所消化，所以洗车行业这几年得到了快速发展：传统洗车门店数量持续增加，全自动洗车、智能洗车等各种新设备、新模式不断涌现。

我们可以做个简单估算：假如这2.7亿辆小汽车平均每10天洗一次，每次洗车费用15元，那市场规模接近1500亿元！足见这个市场的庞大。那是不是说，只要开个洗车店就能躺着赚钱呢？当然不是！单纯靠洗车业务是很难维持一个店面生存的。下面，我们以在二线城市开一个洗车店为例，做个简单的计算。

假如店面有20平方米，地段一般，月租8000元，招两个洗车工，人均工资每月4000元，再加上水电费、物料费，每月固定支出至少2万元。

洗一辆车按20元算,洗车店平均一天洗30辆,一天的营业收入就是600元,这样算下来,洗车店基本无利可图。有人会说:那提高洗车价格啊,一辆30元。即便如此,一月的营业收入也就3万元,只能勉强保本,更何况,提高单价,必然会流失一些客户。

为什么洗车市场这么大,钱却这么难赚?这是因为洗车行业存在如下三大痛点。

1. 经营成本高

对洗车行业来说,技术和服务都不是问题,难就难在经营成本高。因为,现在的店面租金、人工费等都比较高,单纯靠洗车收入很难盈利。对大多数洗车店来说,其利润主要来自汽车美容项目,如漆面、内饰护理等。

2. 获客成本高

赚钱的行业,势必会吸引很多的投资者加入,这是一个基本的商业逻辑。曾经,洗车行业利润比较高,随之而来的,洗车店就出现了爆发式增加,这不但加剧了这个行业的竞争,也摊薄了这个行业的利润。结果,谁拥有的客户多,谁就能生存下来。为了抢客户,各商家使尽浑身解数,线上线下拼命烧钱。这就带来了一个新问题:不烧钱就抢不来客户,店面的获客成本直线上升。

3. 多靠天吃饭

这一点有点像农民种地,天公作美,收成就会好一些,否则,可能白白辛苦一整年。洗车行业也要靠天吃饭，如果隔三差五下雨，甚至一周都是阴雨天，那洗车店的生意明显会冷清不少。这也促使洗车店不得不去增加新的服务项目。

基于上述三大痛点，开一家传统的洗车店是很难盈利的。想要在这个行业立足，还要有钱可赚，一定要改变传统思维，创新模式。很幸运，当下发达的互联网为洗车行业的转型、升级提供了新的契机。

过去，只靠洗车这一个项目赚钱，其实是在一个点上赚钱。如果我们将眼光稍微放长远一点，就会发现，洗车行业处于整个汽车产业的下游，也叫汽车后市场。汽车的产业链很长，如果你能打通并融合这个产业的上下游，你服务的市场会更广，利润空间也会更大。这就是当下做洗车行业必须要懂的一个商业逻辑。

了解了这个商业逻辑，现在，笔者设计了一种全新的商业模式——9.9元洗车。没错，是9.9元。很多人可能会一脸的问号，瞪大眼睛说："疯了！你有什么资本这么玩？怕是会赔得什么都不剩。"

前面我们分析过了，单纯靠洗车费赚钱，是很难支撑一个店面的。既然这部分钱很难赚，那我们就不去赚，而是去赚常人看不到，也想不到的钱。怎么做呢？有这么一种商业模式。

1. 销售会员卡

不是谁来洗车都9.9元！只有店里的会员才能享受这个价。要成为会员很简单，购买一张会员卡，比如原价3800元，现在买可以打八折或者七折。购卡客户可以拿着会员卡在店里以9.9元一次的价格洗一年车。客户一合计，一年的洗车费才三四千元，还有各种赠送，简直太划算了。

客户也可以往会员卡里充值，用不完的钱既可以退，又可以用来买车险，还可以到4S店消费，并且还能享受一定的折扣优惠。这样一来，洗车店就很容易发展一批会员。当会员发展到一定人数后，洗车店可深度挖掘并满足会员客户的消费需求。所以说，9.9元洗车看似赔钱，其实是为了更好地为洗车店引流。

2. 和4S店合作

你可以和想要合作的4S店说，只要是来这家4S店买车或者消费的客户，不论新老客户，你都赞助他们价值1500元的三个月免费洗车券一份，并且持券再送免费汽车打蜡一次，而且还送车内消毒杀菌一次，因为这些是免费的，又可以回馈新老客户，所以4S店一般不会拒绝与你合作。如此，4S店就会给你的店面引流。其中，你和4S店要谈的问题是：从4S店导流过来的客户，在享受完免费服务后，每洗一次车、打一次蜡、杀一次菌等的价格。除此之外，你也可以和4S店谈这样一个问题：你给4S店成功推荐一个客户，可以拿到多少佣金。

3. 和车险公司合作

和车险公司合作，有两种盈利途径。

（1）靠返点。如果客户通过你购买车险公司的车险，可以享受一定的折扣优惠。比如原价5000元的车险，通过你购买只要4500元，而且还赠送客户价值1500元的三个月免费洗车券一张，这样算下来，能帮客户省下不少钱，客户何乐而不为呢？你每帮忙卖出一份保险，可以让车险公司返10个点，即500元。

（2）靠引流。以汽车维修店为例。比如，有个客户的车被撞了，去找维修店修，要1000元。其实维修成本只有200元，维修店赚800元。如果客户去找保险公司理赔，客户自己不需要花钱，而是保险公司买单。这时，保险公司会给维修店支付600元，维修店赚400元。如果不和保险公司合作的话，维修店一天可能只接一两个客户，而和保险公司合作之后，虽然一个客户少赚400元，但能接七八个客户，算下来还是有利可图的。

有人可能会说：我们开的是洗车店，而不是维修店。其实，是什么店不重要，重要的是逻辑——如果能维修，再好不过；不能维修，也可以找一家维修店合作，适当让出一些利润即可。

4. 和加油站合作

例如，双方可以互宣互推，在加油站放洗车店的服务展架、广告、地图指示，同时在洗车店里放置加油站的服务展架，或者客户洗够多少次车，送面值多少钱的加油卡。同理，客户在加油站加够多少钱的油，可以送几次免费洗车卡，或是能享受9.9元洗车服务多少次。

以上四项措施，都是为了实现引流，而引流的根本目的，就是深挖客户的潜在需求。当你向客户提供9.9元的洗车服务时，其实，店内的各种玻璃水、车险、车垫，以及各种工艺品，甚至贴膜、修车、室内杀菌、音响改装等服务都可以顺带提供给客户。总之，洗车店的服务项目越多，服务越到位，赚钱的空间就越大。客户在你的店里买了玻璃水，就不再到其他地方买；客户在你这里买了贴膜，就无需再到其他店买。

例如，每天为30个客户洗车，其中可能会有10个客户选择其他种类的消费，即使按一个客户额外消费200元算，洗车店一天的营收就是3300元左右。试想，如果单纯靠洗车的话，按9.9元的价格，每天需要洗300多辆，要不然会赔得一塌糊涂。

可见，如果你不能为客户提供足够多、足够好的服务，即便运用低价、免费，甚至倒贴的形式吸引到客户，也无法与其建立长期的信任，更不可能产生持续的成交。

所以，9.9元洗车这种商业模式，就是前端要追求低价，在大家都认为你赚钱的地方做出让利，而在大家看不到的角落充分挖掘客户的需求与价值，从而实现商业变现。

按摩椅行业：共享按摩椅模式的新玩法

在进入互联网时代后，越来越多的人认可"共享"的概念，特别是在2017年，"共享经济"作为一种时尚的消费方式，风靡一时，共享单车、共享雨伞、共享充电宝、共享汽车……但凡你能想到的，几乎都可以拿来共享。可以说，经过几年的发展，共享模式正处于红利期。

除了上面谈到的那些项目外，还有没有一种适合当下人们消费需求的共享项目呢？有，这就是共享按摩椅。

如今，我国已经成为世界上按摩椅最主要的生产制造中心以及产品研发中心之一，拥有一批大型工厂和许多专利。随着消费结构的升级，人们对养生的需求越来越大，按摩椅逐渐走进了越来越多的家庭。有关数据显示，截至2020年，我国智能按摩器具市场规模已达150亿元。

然而，市场上的按摩椅不仅价格昂贵，一台按摩椅上万元，让普通的家庭很难消费得起，而且笨重、难以挪动，所以大多出现在特定的场合。这让按摩椅远离了大众消费。与此同时，按摩椅行业的发展还存在如下几大痛点：一是行业缺少大的品牌与龙头，不论是国外品牌，还是国内品牌，在技术实力与按摩效果上差距不大；二是同质化竞争严重，巅峰时期，各种按摩椅挤爆了商场和购物中心等人流量密集的场所，如机场、电影院和高铁站等；三是前期投入非常大，而且租金与维修成本都不低。

在一些商场和车站，我们经常会看到付费按摩椅。但总的情况是供过于求，实际去消费的人并不多，为什么呢？因为贵！平均算下来，一分钟1元左右，10元起步。因为单个按摩椅成本高，再加上场地租金贵，还要支付电费，所以企业想要回本，一般需要三四年时间。即使人流量大、使用率高，也得一年左右。

整体看来，这个行业是亏钱的。但是，如果你认真研究那些做得不错的商家的运营模式，就会发现：他们是偷偷赚钱的，而且是赚大钱。背后的原因是什么呢？是商业模式，我们称其为"共享按摩椅"模式。

通过这种模式，可以将市场上昂贵的按摩椅和闲置资源进行有效整合，从而让更多的消费者在闲暇之余通过APP，或微信扫一扫就能够随时随地享受按摩。按摩椅的共享场景有很多，如机场、电影院、KTV等一些公共场所。

按摩椅的传统模式是零售模式，一般是在商城或超市外面摆着几个按摩椅。有顾客逛商场累了，看到按摩椅就想坐上去免费体验一下，并不是真的想买。这时，即使商家顺势做些推销，一天下来，真正的成交量也是寥寥无几。

而我们这里谈的共享按摩椅模式，则完全颠覆了传统的玩法，而是让消费者变投资人。怎么理解呢？比如，有一个人前来体验，他掏出手机扫了扫二维码，支付了30元钱，然后可以坐上去享受20分钟按摩。体验结束后，这30元不是消费掉了，而是变成了投资，也就是投资了他坐过的这台按摩椅，相当于变成了一定数额的股份。之后，如果有其他人来坐这台按摩椅，他就可以获得一定的收益，即消费者可以与商家进行利润分成。这种模式能最大限度地解决商家的三个难题：

第一，解决了商家自己投资的问题。因为购买按摩椅这笔钱不是小数目，对普通商家来说，有一定的压力，如果通过这种类似于众筹的模式，就可以提前把投资收回来。

第二，解决了客户投资积极性的问题。因为每天都能分享利润，对客户来说，只要进行一次小额投资，就可以长期获得较稳定的回报，隔三差五就可以分钱。

第三，解决了引流问题。只要客户投资一次某个品牌的按摩椅，以后来坐的话都免费，而且可以凭付款凭证，成为该公司的会员。

这是一种比较新潮的共享模式，它可以有效解决商家缺钱的问题。当然，还有其他一些共享模式，它们与直接卖椅子挣差价，或收服务费提成不同，比如，把运营外包给第三方，共享按摩椅公司来提供整套投放方案和产品，外包运营方主要协助投放、谈好场地拿分成，这种模式也是一个降低运营成本的好方法。

健身行业：一种客户每天不得不来的模式

近几年，我国健身行业市场规模不断增长，有关数据显示，2021年市场规模超过3500亿元。作为绿色消费、健康消费的代表，健身行业是我国消费升级的重点行业，目前仍处于发展初期。未来，随着人们收入水平的不断提高，大众健身意识不断增强，我国的健身行业具有巨大的发展潜力。

在很长的一段时间里，健身房的盈利模式无非就是办卡+私教，内部同质化相当严重，大部分仍旧以销售为导向，出于业绩的压力，健身房的工作人员会千方百计地劝说顾客办理会员卡。这种经营模式有一个致命的弊端，那就是，一旦吸引完其辐射范围内所有的消费者，或者顾客的续卡率上不去，便很难继续经营下去。

比如，你打算开一家健身房，有了这个想法之后，就要去选场地，确定开业时间，这些都不是问题，最难的是，开健身房需要大笔的运营资金，那么，这些钱从哪里来呢？这时，你大概率会模仿行业通行做法，卖会员卡，即让一部分消费者先预付资金，减轻自己的现金流压力。这样做有两个好处：一是消费者可以得到优惠；二是商家可以回笼一笔资金。

然而，当大家都掌握了这套玩法后，你会发现，随着健身市场日趋饱和，行业竞争加剧，当会员把其卡里的钱用完后，他选择到另一家店消费了，为什么呢？因为那里的优惠力度更大。本来，前期为了吸引消费者，你已给出了很大的优惠，几乎是赔本赚人气，为的是靠后期会员续卡来盈利。这时，一旦会员续卡率上不去，想要把健身房继续开下去，你只有一个办法，就是去挖掘新客户。当然，结果是吸引了新客户，但依然是赔本赚吆喝。

除了竞争之外，会员续卡率低还有一个原因，就是客户缺乏自律，很难坚持下去。比如，有些人今天心血来潮，办了一张月卡，刚开始还能坚持几天，一周后就没了锻炼的心气儿，最后干脆就不来了。结果30天的月卡，只使用了五六次，你和他说："先生，你看要不要再续一个月呢？"他脑袋肯定摇得像个拨浪鼓。

既然大部分健身房都是靠着较高的会员续卡率活着，那有没有一种办法提升顾客的续卡积极性，而且每天都抢着来健身呢？很简单，我们可以设计一套免费的健身模式，利用互联网平台就能把这个问题解决了。

有个做健身房的学员来请教笔者，我给出的一个方案就是：开发一个互联网平台，顾客支付3650元年费成为会员，每天来健身房返10元。如果一年365天，会员天天都来，健身房等于把3650元费用免息还给了会员,但是如果没有来的那些天,则不需要返款。

有人会说:"那我约几个朋友天天都去,健身房岂不是要赔死吗?"

且不说你是否能做到天天健身,即便对于大多数喜欢健身的人来说,如果一周平均锻炼三次,一年就是150次,就可以得到1500元左右返款,实际上相当于消费了2100元,这2100元就是健身房的收入。但是,对于一些工作比较忙碌的人来说,一年下来,到健身房的次数也就几十次,甚至更少。

另外,平台还要规定,顾客到健身房打完卡后需要过一定的时间再打一次卡后才能领到钱,所以来的客人在锻炼的过程中,也会产生其他的消费,如买瓶饮料,买点装备,或者请个私教上一些课程,这些都是盈利点。

这样算下来,健身房年费虽然只有3650元,而且每天还要给顾客返钱,但顾客真要想把身材练好,还远不止要花这点儿钱。

如果是上了规模的健身房和平台合作,年费远不止3650元,可能是30000元、50000元,甚至更多。通过这种模式吸纳多名会员,不但可以解决请教练、租场地等的费用,以及三四个月的资金周转问题,而且还能利用剩下的一部分资金,用来做稳健型的投资。所以说,这种模式的特点是营业额较高、沉淀的资金多,故周转不成问题。

综上所述,这种免费健身模式,不是不要钱,而是一种吃亏、利他的商业模式——引流不是目的而是开始,在引流后还要增加用户的黏度,进而延长利润链条,赚用户看不到的钱。

家政行业：一种彻底改变行业的最新模式

目前，我国大中城市家庭已逐步过渡为421型结构，即4个老人、1对父母、1个孩子的家庭结构。一方面，随着生活质量的提升，照料产妇和婴幼儿的家政服务需求日益旺盛；另一方面，随着社会老龄化步伐的加快，残疾、孤寡、空巢等特殊的高龄老年人口基数扩大，对传统的家庭养老模式造成明显的冲击。家务劳动社会化已成为社会发展的必然趋势。

我国现有家政服务人员3000多万，有2.4亿的老人需要家政服务。2021年商务部等14部门联合印发的《家政兴农行动计划（2021—2025年）》显示，家政行业依然存在2000万的人才缺口。可见，家政服务业蕴含着万亿级的消费市场，有巨大的市场潜力。预计到2025年，我国家政服务市场规模将突破1.5万亿元。所以，家政服务业的发展前景和市场是极其广阔的。

虽然随着市场需求的增加，我国家政服务从业人员逐年增加，但如此庞大的从业者数量，依然不能缓解我国家政服务的供需矛盾，原因何在呢？主要是因为行业的三大痛点一直没有得到有效解决。

第一，信息不对称。现在，很多家庭都通过一些网络平台找家政服务人员，对于对方能提供什么样的服务，家政服务人员的水平如何，健康状况如何，态度与信誉怎么样，等等，都无法进行客观的判断。而且家政公司为了尽可能多接单，会有意隐瞒家政服务人员的一些信息，甚至会提供一些虚假信息。这种信息不对称也是雇佣双方产生不快，甚至是纠纷的主要原因之一。

第二，高质量供给不足。从业者的专业能力普遍偏低，服务质量不高，难以满足中高端的知识与技能型家政专业服务市场需求。并且受人口老龄化、三孩政策全面落实等多重因素影响，家庭对于家政服务的需求不仅仅局限于保姆、钟点工等基本服务，还需要"知识技能型"和"专家管理型"的家政服务。

特别是一些高收入家庭，对家政服务质量有非常高的要求。《2020方太·胡润财富报告》发布的数据显示，我国拥有600万人民币以上资产的家庭数量超过500万户，拥有1000万人民币以上资产的家庭有202万户，拥有1亿元人民币资产的家庭数量达到13万户。当下，针对这些家庭的高质量家政服务供给仍严重不足。

第三，健康问题。比如，很多雇主都有这样的经历，想给家里的孩子或老人找个保姆，跑了多个家政公司，发现大多数月嫂都没有健康证。考虑到要与家政服务人员同吃同住，故健康问题是雇主最为关心的问题之一。有些家政人员虽然有健康证，但不是过期就是找人代办的，或者干脆伪造假证。

为了解决这三个痛点，笔者"发明"了可以借助互联网的一种新型商业模式——开发一个互联网平台，将家政服务人员、家政服务需求者整合到一个统一的服务平台上，进行信息共享、资源共享。该模式可以打破这种长期以来信息与服务不对称的格局，并打通线上线下壁垒，让服务者与客户通过平台直接对接，从而完成交易。同时，平台还引入地理位置、信息管理系统和支付功能，让家政服务变得更加让人放心，更加便捷，让客户体验得到提升。

比如，一位客户想通过平台寻找一位家政服务人员，他可以在平台数据库中搜索，有初步意向的，可以点开这位家政服务人员的信息栏，查看详细资料，像健康证、一些职业资格证等都是经过权威部门认证的，而且经过平台严格审核的。如果对某家政服务人员的健康证存疑，客户也可以在平台上鉴别真伪，而且平台可以联合当地相关部门，为家政从业人员提供身体与心理健康检查服务。除此之外，客户也可以了解到服务人员的过往工作经历，在哪里做过，擅长什么，工作质量如何，以及客户的真实评价，等等。另外，平台还提供在线视频面试功能，双方可就自己关心的问题向对方提问。

如果客户选定某位家政服务人员，可以在线下单，并支付相应的服务费用到平台。在家政服务人员完成相应的工作后，客户如无异议，平台再把钱支付给家政服务人员，然后双方相互评价，这个流程有点像我们常见的网购。

平台也可以利用掌握的大数据，更好地发挥"互联网＋家政"这种运营模式的优势，去深度挖掘客户的喜好，了解其个性化要求与服务评价，从而向他们推荐最适合的服务人员，以真正做到一次性解决其痛点。与此同时，平台也可以向一些优秀的家政服务人员推荐适合他们的工作机会。这样一来，平台可实现对行业资源的高效整合，真正突破传统家政服务中存在的种种信息壁垒，实现家政人员和雇主信息全面在线化，并重新定义行业价值链中各个参与者的角色与关系，以及重建家政服务行业的信用体系。

养老行业：一种全新的"共享养老"互联网模式

我国是人口大国，十年来人口总量持续增长，近几年增速放缓。与此同时，随着人口平均寿命不断延长，老龄人口数量不断创新高。2021年5月11日，国家统计局发布的统计数据显示，我国60岁及以上人口为26402万人，占总人口的18.70%（其中，65岁及以上人口为19064万人，占13.50%）。据联合国人口署预测，这一数字在2035年将上升至4亿人。

这么多人将来如何养老呢？这是很多人都在思考的问题。过去，老年人的消费观念是"节衣缩食"，如今，随着收入水平的增加，他们已开始追求"安逸与享受"。随着我国养老需求持续旺盛，相关产业规模不断扩大，"银发经济"正在成为一片蓝海。预计到2030年，国内养老市场规模将在2021年约10万亿元的基础上翻一番，突破20万亿元。

虽然养老市场规模很大，前景很广，但是当下的养老产业还不足以满足大部分老年人的个性化养老需求，甚至对不少老年人来说，养老贵、养老难的问题仍然十分突出。

一方面，很多老人没有退休金，也没有太多的存款，在养老方面存在一定的经济压力；另一方面，公办的养老院、护理院，虽然价格低，条件也不差，但是一床难求，床位严重不足。特别是农村的孤寡老人、贫困失能老人的养老问题，只能依靠政府帮扶与社会捐助。有些老人选择入住养老机构，但是由于子女经常不在身边，加之养老机构服务内容单一，很难给予老人精神上的关照陪伴。

现在，我们可以通过一种全新的互联网养老模式——"共享养老"来破解这些养老难题。什么是"共享养老"呢？简单来说，就是每一个人都可以为老人服务，并赚取一定的养老积分，将来可以用这些积分来换取相应的养老服务。

下面具体介绍一下笔者发明的这种模式的运作流程。

1. 建立平台

为了保证平台的权威性、公益性，最好有政府相关部门参与建设、监督与管理。这个平台还可以与医院、超市、银行等对接，形成一个服务闭环联盟。

2. 积分设计

积分设计是一个系统工程，需把握好积分与平台、商家、用户之间的关系。这里的积分，是指用户发生积极的助老行为之后，平台给予的一种积分奖励，或者是商家通过平台补贴给用户，并换算成积分的奖励。积分可在平台内进行消费。用户获得积分，就是用户获得了一份权益证明。

3. 积分获取

不同的积分，获取的方式也不一样，但是相互之间可以换算。比如，平台的积分有三种，分别是共享积分、助老积分、公益积分。助老积分，顾名思义，就是在帮助老人的时候获得的一种积分，比如，帮助老人洗一次衣服得1积分，照顾老人一日三餐得3积分，陪聊一天得2积分。公益积分，获得方式比较多样，如参加平台组织的社会公益活动，每天奖励2分。还可以规定共享积分不能直接获得，只能通过上述两种积分换算。

4. 积分消费

积分可以兑换服务，如居家清洁、个人清洁、医疗保健等，甚至可以兑换购物券。以前面列举的积分为例，可以规定，只有共享积分可以用来消费，如看病时可以抵消一定的金额，可以到超市购买商品，也可以用作养老方面的服务。比如，请保姆来家里料理一天家务，可以支付10个共享积分，如果保姆不接受积分，平台会把积分按一定的比率换算成钱支付给保姆。当然，客户也可以把自己的积分通过平台捐出去。

以上便是"共享养老"平台模式的基本框架与运行逻辑，它为养老行业提供了一种新的选择。共享养老模式能有效整合社会资源，简单易行，不仅为老年人提供了高性价比、精准化的养老服务，还有效解决了传统养老方式难以满足的现代老人的养老需求问题。与此同时，这种模式也调动了年轻人服务老人的积极性，提供了更多的就业服务机会，进而解决了养老领域人手不足的问题，给老人带来更多养老便利，减轻社会养老成本负担。

在实践过程中，"共享养老"平台的具体内容可以不断丰富，场景应用可以更多元。这样，在深度挖掘社会养老服务潜力的同时，也能够有效整合调度社区内零星、分散、潜在的养老服务资源，使养老服务更高效，让更多的人有社会参与感。

儿童教育：一种让孩子喜欢的PK晋级模式

随着家庭收入水平的不断提高，以及学前教育产业优惠政策的不断出台，家长越来越重视孩子的学前教育问题。为了不让自己的孩子输在起跑线上，家长在教育孩子方面毫不吝啬地大把花钱，导致儿童教育市场火爆。

数据显示，我国儿童教育产业的市场规模逐年扩大。2019年，我国早期教育产业的市场规模为2500亿元；2020年，市场规模达到3038亿元。虽然当下儿童教育市场一派繁荣，但也鱼龙混杂，例如，很多教育机构缺乏科学的教育理念，品牌影响力低，师资力量短缺，等等。

有些家长过分看重孩子的考试成绩，而忽视了对孩子兴趣、潜能等的培养，结果呢，越是按照自己的意愿去"塑造"孩子、"强迫"孩子，效果越不理想，甚至会让孩子形成强烈的叛逆心理。

为什么会这样呢？一句话：这不符合孩子的天性。

比如，令很多家长头疼的一个问题就是，孩子爱玩手机和游戏，而且沉迷其中，不能自拔。那是什么吸引了孩子呢？首先是兴趣，其次是游戏机制。

我们都有过参加拔河比赛的经历，无论输赢如何，双方都会竭尽全力，乐此不疲。如果我们换一种方式呢？比如，将绳子系在一棵树上，然后让大家用力去拉，你还会觉得有意思吗？当然没有！孩子学习也是这个道理。

如果家长整天只是给孩子报各种培训班，而不考虑孩子的兴趣，并且教师的授课方式都差不多，那孩子在面对千篇一律，甚至有些枯燥的课程时，怎么能提得起兴趣呢？没有兴趣也就没有了动力，有的只是压力，这种情况下，孩子也就很难获得一份漂亮的成绩单了。

其实，相较于考试成绩，在教育中培养孩子的兴趣、专注力，以及团队精神与协作意识更重要。在互联网时代，通过一种全新的在线教育模式——PK晋级模式，不但可以把传统课堂搬到网上，而且还能充分激发孩子的学习兴趣与潜力，真正让他们将学习变成竞技，把学习变得和打游戏一样有动力。

那么，这种PK晋级模式的运作流程具体是怎样的呢？

首先，要开发一个儿童PK类平台。将这个平台取名为"冠军"，主要针对3~12岁的孩子，创始人洪总意在提升孩子的学习、互动、竞争、协作等能力。平台主要分为这几个版块：PK与挑战、观众观战、挑战吉尼斯等。比如，在"PK与挑战"版块中，可以进行发起挑战等活动；在

"挑战吉尼斯"版块中，可以通过主办方的活动链接进入相关页面，从而和大家一起参加挑战吉尼斯活动。

其次，购买积分，并参加PK报名。参加PK是需要花费一些金币的，金币则要从平台购买，比如1元钱10个金币。选手报名就要扣掉10个金币。金币还可以兑现奖品、兑换在线课程等。总之，金币可以在平台当钱花。

再次，进行在线打分。孩子有什么才艺，不但可以录成视频文件上传至平台，接受大家的点赞与评论，还可以把视频上传至"PK与挑战"版块，和其他小朋友一起进行PK，如喜欢画画的小朋友可以上传作品，相互PK。当然，也可以由平台组织在线实时PK，如喜欢唱歌的小朋友，可以每人先唱一首歌，然后让观众打分。

不论是哪种形式的PK，在PK过程中，家长可以为一位或多位选手送出积分，一次至少送1个积分，也可以是10个、20个。

最后，决出一名胜者。每次PK都有一个起止日期，在PK活动的截止日期之前，谁获得的支持积分最多，谁就是胜者。胜者可以获得失败者的所有金币，失败者也可以获得一定的积分，积分可以兑换相应福利。

同时，作为家长，也可以给不同的选手送出积分。比如，某家长看好C，给予50积分支持，结果C真的获胜了，那么该家长可以得到一定比率的积分，如果C没有获胜，这50积分就会被扣掉。

通过这样一种在线形式，孩子们可以一边游戏，一边PK晋级，在充分享受比赛乐趣的同时，也极大地提高了他们的自信心与学习兴趣。而且，孩子们通过在这个平台上PK，每个人都有机会结交到一些志同道合、兴趣相投的朋友，并相互学习，取长补短，共同成长进步。更为重要的是，通过PK这种形式，可以让孩子增长见识，学会在竞争中磨砺自己，让他们今后能用一种积极的心态去面对学习与生活中的压力与困难。这个平台不缺流量，不缺数据，更不缺现金流，所以这样的项目一经推出就受到了投资方的热捧！

古玩藏品：一种钱已到、货还在的全新模式

近年来，随着人们艺术欣赏水平与投资理念的提高，越来越多的高收入人群开始热衷于古玩收藏。如果他们愿意拿出自己财产的1%来投资艺术品收藏，那这个市场是相当可观的。我国的古玩收藏市场到底有多大，没有准确的说法，就目前来看，收藏市场的发展正在逐渐走向全民化，不少普通家庭也开始涉足收藏。与此同时，有很多的投资机构和个人也在不断地进入这个市场。

相较于其他行业，古玩收藏这个行业有一个显著的特点，就是"水深"。俗话说："外行看热闹，内行看门道。"如果你不干这一行，就很难弄明白其中的门道，踩坑、被忽悠是常有的事。所以，对于普通人来说，投资古玩藏品就像赌博，风险非常大。

有位女士，对收藏知之甚少，听说这几年搞收藏有钱赚，便听某公司业务员一通忽悠，花100多万高价从几家公司买下一些钱币、字画，这些公司都承诺，一年后高价回购。结果到了约定期限，没有一家公司兑现承

诺，而且不给退货。后经专家鉴定，她买下的那些东西也就值几千块。

所以说，古玩市场是一个谜一样的地方，里面的东西鱼龙混杂，真真假假，难以分辨。来到这里的人也是鱼龙混杂。由于古玩价值越来越高，造假的人也就越来越多，造假的手段也越来越高明，只有你想不到，没有人家做不到。像是字画之类的，从古至今更是如此，卖赝品坑过路人和外行，卖真迹赚富豪的钱，半年不开张，开张吃三年。

如果说买到赝品可以退货，也说得过去，但古玩行业有个潜规则：买到假的，不包退。即使货是真的，但不值这个价，想退货？没门儿。买的时候，玩家可能会得到这样的承诺："放心吧，我们公司保证，在这儿买的任何东西保你不赔钱，赔了算公司的。"实际上，一旦成交，你要是想退货，对方会有100种方法拒绝你。

但是，如果站在商家的角度看，不给顾客退货似乎也情有可原：有些商家卖的是真货，顾客拿到手的也是真货，但是买回去后把它换成赝品，然后来找商家退货。如果商家缺少足够的证据，证明顾客之前买到的是真品，那很可能会吃官司，或是赔人家钱，生意做到这份上，也是很恼火。

也正是出于上述原因，所以古玩艺术品，包括一些奢侈品很难在互联网上做起来，大家更愿意线下交易。

那有没有一种模式可以用来解决这些行业痛点呢？有，即"钱已到、货还在"的互联网模式。这种模式与传统的交易模式最大的不同，就是不进行实物交割。在过去，你要买一幅字画，买卖双方一手交钱，一手交货。而这种模式却是：只收钱，不交货。

有人肯定会产生疑问：即使是拿到货还担心是假的，更何况看不见东西了，这种交易怎么能令人放心呢？

有这种担心很正常。商家为什么不给买家字画呢？因为担心被调包，这个问题在这行司空见惯。我不给你字画，但是，我给你"股份"，比如，一幅某大师的真迹，市场估价100万元，我把它分成100份，一份1万元，你给我10万元，我肯定不会把画给你，但我可以卖给你10份，双方可以签订一个合同，证明我收了你10万元，你购买了我这幅画十分之一的份额。其余的90份我可以卖给其他客户，价格可能是1万元一份，也可能是2万元一份。

将来如果这幅画升值了，并且通过拍卖行高价卖掉，你可以按份额获得溢价。比如，以200万元成交，你之前买了10份，那可以得到20万元，其中10万是本金，其余的是溢价部分。

这种玩法不同于传统交易，用户足不出户就可以在这个平台购买自己中意的古玩藏品。从成交那一刻起，买家虽没有获得实物，但是拥有了某种古玩或者藏品的部分或全部"股份"，他可以长期持有，等着市场行情好的时候吃溢价，也可以转给他人，其间不存在实物交易，故不会产生诸如造假、调包、退换货难等常见的行业痛点。

道闸行业：一种全免费但能整合智慧社区的模式

道闸，又叫挡车器，是一种常见的通道出入口车辆管理设备，广泛应用于公路收费站、停车场等场所。近十年来，在房地产、基础设施建设的拉动下，道闸行业获得了快速发展。未来，随着智慧社区建设等的不断推进，道闸行业将拥有更加良好的市场前景。

目前，虽然行业发展迅速，但也存在诸多问题，如产品鱼龙混杂，缺乏统一的行业标准，以及存在恶性竞争等。除此之外，整个行业主要靠销售设备盈利，且利润越来越薄。道闸算不上高科技产品，没多少技术含量，附加值也不高，并且随着市场的日趋饱和，以及同质化竞争的加剧，如果只靠销售道闸获利，赚钱将会越来越难。为了突破这些行业困境，更好地应对不断变化的市场，我们必须进行新的商业模式探索。

如今，我国全面推动智慧社区建设，它是集城市管理、公共服务、社会服务、居民自治和互助服务于一体的物联网技术应用，能够为未来城市持续发展提供有力支撑。道闸行业可以基于这种物联网技术来创新自己的商业模式——一种全免费，却能整合智慧社区的模式。这种免费的商业模式如何盈利呢？前期主要靠广告收入，后期靠流量变现。

未来，基于物联网、云计算等高新技术的"智慧社区"可以被看作"智慧城市"的一个"细胞"。但这个"细胞"的架构非常大，包括智慧安防、智慧健康、智慧门禁和智慧物业管理系统，当然也包括智慧停车等。

在整合智慧社区的过程中，为了获得更多的用户流量，以便后续有更多的机会接入各种应用场景，道闸经营者可以先送设备，怎么送呢？这个可以和各个小区的物业或商家洽谈。

比如，一台设备1万元，小区共需要4台，物业不需要出一分钱，全部由道闸经营者来免费安装，并且后续的维修、保养都是免费的，一次就为物业节省了4万元的费用。但是，有两个硬性要求：一是道闸上面的广告收入全归道闸经营者；二是3~5年内不得拆换设备，并接受投放方基于这些设备的持续推广和运营。

在物业看来，这是一笔非常划算的买卖。如果物业自己购买设备、自己安装，包括后期的维修、保养等费用，都会是一笔不小的开支。虽然道闸上面的广告可以带来一些收入，但与这些费用相比也显得微不足道。所以，在权衡利弊后，物业一般比较乐意接受这种合作方式。

以一个住宅小区需4台设备为例，如果整合100个小区，就是400台，以一台1万元计算，就是400万元。成本如此之高，靠广告收入能抵消这么多的开支吗？表面上看，似乎是赔本的生意，其实，前期的广告收入可以弥补一部分支出，后期主要靠积攒的流量变现。

相较于其他形式的广告，道闸机上的广告更具视觉冲击力。如今，不论在地铁上、公交车上，还是在电梯间里，大家都是低头看手机，而对旁边的广告牌基本视而不见。但是开车的时候，很少有人会看手机，那看什么呢？看前方，尤其在出入小区时，一定会看到前方道闸机杆上的广告，想忘都忘不掉，它会强行植入人们的脑子里。所以说，这种广告针对性强，且难以回避，故备受商家青睐。

以上面的数据为例，如果每个道闸机平均每年的广告收入是5000元，400台就是200万元，也就是说，2年就可以回本。

在积累了一定数量的用户后，可以推出自己的APP，用户通过APP可以交停车费，也可以充停车费等，以及售后维修等也可以通过APP解决。同时，这个APP还可以整合附近的相关资源，这样一来，它就形成了一个线上的停车生态链，而且随着注册用户数的增加，应用场景的丰富，会逐渐形成一个价值闭环，用户通过这个APP可以解决很多问题，如可视对讲、可视门禁、远程监控、车位预约，等等。

所以说，与急于赚取卖设备那点微薄利润的传统经营模式不同，免费送道闸这种商业模式重在获取用户流量。因为有了流量保证，才会有广告收入，才能形成自己的"大数据"，从而提供更精准、高效的服务。

物业管理：一种物业费好收且能整合小区及商圈的模式

在有关政策和居民需求的推动下，近些年来，物业管理行业得到了快速的发展。数据显示，物业管理行业在管总建筑面积由2015年的175亿平方米，增加至2020年的259亿平方米，总收入由2015年的3983亿元，上升至2020年的6232亿元。由此可见，我国物业管理行业市场规模巨大，未来，不论是在管面积，还是总收入，都将稳步增长。

虽然物业管理行业前景广阔，但受困于现行模式的弊端，当前行业内普遍存在的一个问题就是收费难。其产生的根源是物业与业主之间缺乏信任，且缺乏良好的、有效的沟通，故经常会产生冲突，甚至会一直处在对立面。物业觉得，我服务了，而且服务得很好，我就应该按相应的标准收费；业主则认为，服务不到位，凭什么让我交物业费。所以，不论物业怎么催，总有些业主会拖着不交。这就会导致物业公司收费率低。

那有没有一种解决的办法，既能让物业收得合情合理，也能让业主交得心甘情愿呢？这就是下面要介绍的由笔者设计的全新物业管理模式。

这种模式要基于一个互联网平台来实现，它的名字叫"团掌"，这个平台的创始人支总主要整合了以下三个群体。

第一，物业公司。物业公司有一个看板，其提供的所有服务都要通过看板公示出来，比如，今天都做了哪些工作，接下来有什么计划，等等。小区用户通过看板，可以监督物业的服务。另外，通过平台为社区用户提供物业费缴纳、业主投诉、居家维修等服务。社区业主生活缴费项目均可由平台的缴费功能完成。物业根据业主社区信息提交缴费明细，业主在个人中心直接查看缴费具体项目后，在线完成物业费支付。

第二，业主。平台可查询与业主相关的信息，如上次支付物业费的时间，还欠多少水电费，距离下次缴费还有多久等。再就是业主有什么需求，比如，家里需要擦玻璃，或者换水管等，都可以在线申请，事后可以对物业的服务打分。

第三，周边商家。主要整合小区一公里范围内的商家，以构建一个以短距离消费模式为中心，目标受众为社区居民的商圈。通过平台APP，用户向这些商家下单，商家保证提供高效、便捷的服务。如订餐，业主在一些外卖平台下单后，通常要等一个小时或更长时间，而在这个平台的商家那里下单，只需等待十几分钟或更短时间。

对于物业来说，周边商家可有效增加物业与业主的黏合度，并且可以与平台共同策划一些物业管理细节；对业主来说，平台给他们带来了极大的便利，使其足不出户就能解决一些日常生活问题，既省心又省力。

在提升业主交费积极性方面，物业可以通过平台不定期推出一些优惠活动。比如，业主一次性结清一年的物业费，可以享受9折优惠；或者物业与商家合作，送业主一定面值的抵用券，业主拿到抵用券，可以直接在线消费。

举个例子。

某位业主一次性结清一年的物业费，共2000元，物业送其100元抵用券，该券可以在平台随便使用，不设定任何限制条件。业主想充话费，可以直接抵用现金；业主想叫一份特色烤鱼，在平台那里下单即可，而且他很快就会收到热气腾腾的烤鱼，因为快递员就是小区里刚换完班的保安，或者刚跳完广场舞的大妈。他们非常熟悉周边环境，接一些送外卖的私活，不但锻炼了身体，而且还能赚点零花钱，所以积极性很高，服务态度也很好。

在这样一种模式中，物业管理公司与其他商家一样，变身为稳定的线下服务提供商——线上是获客的渠道，线下服务是载体。物业服务项目以及投诉建议可在社区平台里的水费、物业费、电费、停车费等功能里完成。比如，房屋在线报修、电梯障碍、环境卫生投诉、水电煤气的用量上报等。因此,业主无需出门去物业提交,而物业公司也不用再挨家挨户抄水电表了。再如,业主发现小区中有设备出现故障,可通过平台上传图片,提供故障描述及设备二维码完成申报;业主还可以通过平台授权访客扫码进入小区等。

作为平台,这种模式最大的特点是什么呢?

这个平台主要打造的点就是"急",烧菜的时候正好没有酱油了,吃大闸蟹正好没有醋了,你不需要使用"美团"和"饿了么",因为还要等很久,这个"团掌"平台可以最快地解决你的问题。

综上所述,为了提升业主与物业之间的信任,物业管理要改变传统的服务方式与运营模式,积极转型互联网,通过可以有效衔接物业、业主与商家的平台,积极整合周边商圈,为业主提供更有黏度与质量的服务。业主通过小区平台,足不出户便可满足日常生活需求,或完成其他很多事情。这种基于互联网思维的物业管理模式,不但高效便捷,有助于提高居民的生活品质,而且改变了传统社区经济,让社区盈利的可能性被最大化释放。

净水器行业：净水机不用卖，共享就行了

众所周知，水是"生命三要素"之一，其重要性不言而喻。随着公众生活水平的提高，以及健康意识不断加强，在饮水安全得到满足后，人们对饮水质量有了更高层次的追求。

纵观我国净水器市场的表现，在经历了2018年的快速增长期后，整个行业开始面临市场需求不足、规模持续收缩的局面，销量连续下滑。一些机构的调查数据显示，2019年，净水器行业市场规模约为300亿元；2020年，受新冠肺炎疫情影响，销量大幅下滑，约为240亿元。在刚刚过去的2021年，因全国疫情防控形势好转，消费需求出现回暖，净水器市场逐步迎来复苏。

整体而言，整个行业现已过了高增长红利时代，开始进入成熟的存量竞争阶段，整个行业内部环境红利在减弱。但是，由于市场庞大，且家用净水器普及率还不高，未来，净水器市场仍有上升空间。

当前，净水器行业利润之所以越来越薄，而且很难销售，主要有以

下两个原因。

（1）净水器产品在技术创新上已经触碰到了瓶颈，产品同质化严重，质量参差不齐，特别是一些家用饮水器，质量问题频出，而且也存在不少售后问题。

（2）滤芯价格贵。饮水机使用一段时间后，就得更换滤芯。很多商家都有一个不成文的规定：卖净水器不包换滤芯服务。因为滤芯的价格不便宜，可以说，用换三五次滤芯的钱，就可以买一台新的饮水机。比如，一台饮水机1000元，送一个滤芯，单买一个滤芯要200元，虽然饮水机价格不高，但用户在购买的时候会考虑后续的使用成本，如果两个月换一次滤芯，一年光买滤芯的钱就超过了饮水机的钱。

上述两个原因，也是制约行业发展的两个主要痛点。为此，不少商家为了赢得用户，一方面不断进行产品升级，一方面下血本打价格战，但效果并不理想，用户似乎并不买账。

那这种局面有没有办法破解呢？

移动互联网时代，也是资源共享的时代，任何一个行业，当然也包括饮水机行业，只有挖掘自身更多的共享属性，嫁接更好的共享模式，才可赢得更大的发展空间。在进行市场、产品升级的同时，饮水机行业也需要进行商业模式的升级——好的产品，好的服务，再加上好的模式，才能消除用户的痛点，赢得好的市场。

因此，笔者设计了一种全新的模式，不再需要卖饮水机，而是直接拿来共享。简单来说,就是让更多的代理商、经销商或者加盟商与净水器厂家合作,建立合作关系后,让他们到各个城市去放置我们的共享净水器。

共享净水器指的是物联网和净水器相结合,进而衍生出来的一种全新业态模式,是传统净水器的"升级版本"。它以物联网和GPRS数据传输技术为载体。用户可以免费使用机器,更换滤芯、机器维修等都由净水器厂家负责。用户通过手机APP即可快速查看水质、滤芯状态、定位最近距离净水器等,享受全新的智能化健康用水体验。企业可以通过云端控制与检测系统,远程对净水器进行实时监控、管理和计算费用。

举个例子。

某净水器厂家与一商家建立了合作,由厂家赠送10台饮水机,商家只需支付5万元的押金与1万元的服务费。商家将机器放置在机场等不同的地方,用户只需扫码,一次支付一元或两元,甚至几角钱,就可以喝到健康的纯净水,甚至都不需要自带水杯。商家的盈利点就是提成,如果按20个点提成,那一年下来,如果10台饮水机的销售额为50万元,商家就可以得到10万元的提成。也就是说,使用的人越多,商家的提成就越多。

当然,饮水机厂家也可以直接面对终端用户,无需经过传统的"厂家—代理商—商家—用户"这种路径。如果一定要走这样的路径,共享模式也可以实现"四赢"。厂家可以通过赠送的方式,搭建自己的平台与销售网络；代理商只要拥有资源，无需垫付太多资本，就可以坐享利润分成；商家既可以直接卖共享饮水机获利，也可以与厂家合作，通过租的形式来分享利润；用户花很少的钱就可以"租"到共享饮水机，并可享受一定期限的免费换滤芯服务。

所以说，这种共享商业模式也可以被理解为"体验+租赁"模式。除了租金，用户还需要交纳一定的押金和安装费。但对用户来说，使用净水器最大的成本是更换滤芯和维修保养，而共享饮水机完全解决了用户这个痛点，用起来更经济，更省心。

例如，用户租了一台共享饮水机，一天的租金是一两元钱，或者按净水使用量付费，用多少花多少，如果哪天不想用了，可以随时退机，不用担心产品折旧。如果他是在临时办公场所使用，使用期限是三个月，那么，只需支付一些押金和少量的安装费，以及一两百的租金或使用费即可，这远比他买一台饮水机要划算得多。而且，在使用期间，用户还能享受厂家的上门服务。

综上所述，共享饮水机不论在质量，使用的便捷性，还是在使用成本、售后服务保障方面，都有着传统饮水机不可比拟的优势。而且，随着新一代物联技术的发展与运用，在可预见的未来，随着共享饮水机的普及，我们只需通过一个APP或者一些小程序，便可以轻松连接饮水机，享受水质检测、使用情况分析、线上装机、移机、在线充值续费等服务，无需再担心滤芯更换周期及水质安全等问题。

地产行业：互联网全新的房产模式

经过30多年的持续高速增长，我国已成为世界第二大经济体，人们的财富也迅速积累，不少家庭以购置房产为主要投资目标。近几年，虽然房地产市场处于调整期，但整体规模依然保持在较高水平。调查数据显示，2021年房地产市场成交额突破17万亿元。

当前，在"房住不炒""因城施策"的楼市调控主旋律下，房地产行业将逐渐进入良性循环和健康发展的轨道。但是，困扰房地产行业发展最大的痛点——房价高，在短期内很难得到解决。这也让经济实力不是很强的购房者，尤其是年轻人谈"房"色变，甚至需要耗尽一生的积蓄才能拥有自己的住房。

那有没有一种办法可以解决这个问题，既能让房子卖得出去，也能让购房者买得起呢？其实很简单，在移动互联网时代，用共享模式就可以实现，这是一种全新的"互联网+"模式，能在很大程度上满足人们的居住自由。要想了解这个模式，就要先了解一个概念——"共享房地产"，它是指依托移动互联网平台，使资源用房与使用者可以灵活配置，实现房地产资源共享，从而达到使用户实时变更住房的目的。其中的住房所有权益，也可以实现灵活配置。

举个简单的例子。

对一个处于初创期的公司来说，平时开会，当与会人员只有三五个人时，可能不需要会议室，但是当人员达到二三十个人时，至少需要一间四五十平方米的会议室，可是公司没有这么大的会议室，怎么办呢？就近租一间，显然不划算，因为不是每天都开二三十人参加的会议，只有开庆功会、年会，或者做一些培训时，才需要四五十平方米，甚至更大的会议室。如果在会议或者培训前到酒店租，价格也不便宜。这时，可以考虑共享会议室这一方案。比如，正好有一间100平方米的共享会议室，公司可以根据需求提前预约：一年使用多少次，在什么时候使用，等等。这样一来，费用就降下来了。

通过共享，不但可以盘活闲置的资源，实现物尽其用，而且可以降低使用者的使用成本，有助于闲置资源的流动。这一逻辑在房地产行业同样适用。

比如，你非常喜欢到海滨城市旅游，尤其喜欢站在海景房的窗边远眺大海，于是你有一个愿望——拥有一套属于自己的海景房。但是，一平方米动辄上万，甚至更高的价格，让你望而却步。当你背上沉重的债务，买下一套海景房后，却发现自己一年也住不了几天，房子大部分时间是空置的。与此同时,你每个月还要还银行不少贷款,而且房价的起落,也会影响到你看风景的心情。

再来看另一种情形:

你喜欢某城市的海景,每年闲时都要来旅游几次。正好,当地一家房产企业依托周边丰富的旅游资源,推出了一种融旅游、休闲、度假、居住为一体的住宅项目,非常吸引人们的眼球。而且房产企业不卖房子的所有权,只卖房子的使用权。你可以买一年,也可以买三年、五年。在获得使用权后,你可以每天来住,如果平时不住,也可以把它租出去。这样一来,你就无需花几十万,甚至上百万去买一套房子,而是花几万块就可以拥有房子相应期限的使用权,并且很容易收回你的投资。

这种共享模式比较适合旅居、养老等地产,可以预见,随着国内旅游人数和老年人口的持续增长,以及人们收入水平的不断提高,旅游与养老等会逐渐与房地产行业实现无缝对接。这会改变当下单一的房地产行业销售与运营模式,并通过交换或共享来提升客户体验感、价值感。

具体来说,笔者设计的这种全新互联共享房产模式主要包括如下三点。

1. 共享房产的互联网平台

这个平台很好理解,就是发起多个项目,相当于大家凑钱共同购买一套房子,出多少钱算多少股份,享受多少权益。比如,大家都想体验住在大别墅里的生活,但是谁都买不起。正好,平台推出这个共享模式：别墅可以按份额买。一套别墅分成50个财产份额，并按黄金周、旺季周、平季周、淡季周进行定价并销售，购买者享有70年产权，而且还享有每年至少一周的度假时段旅居权益，房屋权益支持交换。那这种共享模式是不是很具有吸引力呢？

如果你买了5个份额，5年后你想把它卖出去，到时，你可以以那时的市场价转让给他人。在这之前，你可以享有房屋出租所获得的收益。如果5年后整栋别墅都被转让了，那你就可以获得其中十分之一的销售额。

2. 购买部分时段的产权

这种模式的逻辑是：当几户人家共同拥有了一套房产，要共同维护、分时段使用时，通过协议规定，每户人家在特定的时段拥有该房子的使用权，而且大家可以交换使用权。比如，你拥有每年七、八、九三个月份的使用权，而在这期间你不打算入住，就可以转让或出租给他人。这种模式可以运用于一些酒店或度假村等，即把其中一些房间的使用权分成若干个时间段，然后以会员制的形式一次性出售给用户。

3. 换住与共享

这种模式可以有效盘活闲置的房产资源。有些地段、配套都不错的房子，由于空置时间过长，家具会出现老化现象。为了避免这一问题，可以与其他人换住。比如，你在A地有一套房产，对方在B地有一套房产，恰好你在B地工作，对方在A地工作，双方可以达成某种换住计划。

当然，这一计划通过平台就可以实现，即把自己的住房委托给平台经营，平台酌情收一些会员费，并承诺给予一定的回报率。同时，业主每年可以享有一段时间的居住权。

整体而言，不论是哪种形式的共享模式，其在房地产领域的表现，都是通过提高闲置房产的利用率来使投资者的利益最大化，或是让房地产企业借不动产这个载体，打造一个具有相似需求、能够形成部分资源互补的社群，以此作为基础发掘盈利空间，进而实现利润共享。在目前房地产行业一片低迷的状况下，转型互联网未尝不是一种明智之举。

旅游行业：社交才是旅游的灵魂的新模式

近些年，旅游业已进入消费升级阶段，休闲旅游市场正在日益成熟，有着巨大的需求和诱人的前景。一些权威机构的调查数据显示，2021年国内旅游人数达32.46亿人次，同比增长12.8%；旅游收入达2.92万亿元，同比增长31.0%。特别是在线旅游行业，也开始加速迎合休闲旅游市场需求。

如今，虽然受新冠肺炎疫情影响，旅游行业遭受了一些冲击，但真正困扰与影响行业发展的不是当前的疫情，而是传统且单一的获客方式，以及过高的老客户丢失率。

在旅游行业，为什么留住老客户难呢？原因很简单，一是旅游服务跟不上，内容乏味；二是旅游团人员多为临时拼凑，大家相互不认识，也没有多少共同语言。所以，整个旅游过程大部分时间是在走马观花，没有想象中的那种趣味。甚至很多人跟完团后，会抱怨："跟团旅游太累了，一天要赶好几个景点，像赶场子一样，没有心情看风景，一天下来腰酸背痛,这哪里是出来散心,简直是闹心。"有一句话"上车睡觉,下车拍照",就是对行业整体发展水平的真实写照。

其实,对旅游者来说,虽然出来旅游看的是风景,但是大家更注重社交,能在旅游途中结交到志同道合的朋友,开阔视野,增长见识,才是最有意义的收获。也就是说,现在人们更崇尚社交旅游,如果只是单纯看风景,用户很少会花大把的时间与金钱。试想,你报了一个30人的团,和其中的任何一个人都不认识,更不知大家的喜好,整个旅游过程只是听导游在讲,是不是感到很枯燥呢?

笔者设计了这样一个模式,开发一个互联网平台,在报名的时候就知道这个团里都有谁,大家都有什么爱好,有什么特长,是哪里人,等等。那你在报名时会想:我到底要不要报名?如果参加了这个团,会不会结交到新的朋友?如果你决定报名,肯定会和大家在特定的群里有所交流,这样大家事先就有了基本的了解。这样一来,在大家还没见面的时候,就已经是半个熟人了,自然,一起旅游时会更有话聊。

那么,如何让社交成为旅游的灵魂呢?就是对运营模式进行创新,不再单纯地"拉人头",而是从游客的实际消费需求出发,即在满足其"食住行游购娱"的同时,也要满足其追求个性化旅游体验的心理。很多时候,这种"个性化"就是对社交的不同需求。

所以这样的在线旅游平台,一定要有别于旅行社的在线订票系统,着重突出社交这一主题,即在给用户优质旅行体验的同时,还要强调旅行本身的社交行为,并且提供垂直的分享平台,以提升用户的体验感与满足感,增加用户的忠诚度。

很多时候,之前那些跟团的游客放弃跟团游的原因,可能是不愿再跟40个人的团,但是,如果提供一个符合他们兴趣、高品质的10人团,他们是非常乐意参团的。那如何知道他们想参加什么样的团呢?这就需要发挥平台优势来筛选适合的游客。比如,通过APP发布一些团的招募条件,比如:喜欢交友、摄影,擅长单反,年龄在40~50岁之间……这样一来,就限制了入团条件。这个有些类似于私人定制,不是谁都可以报名参加的。如果这个团有10个人参加,大家志趣爱好都相差无几,就会有更多共同语言。更重要的是,游客参团后,不仅会玩得更好,而且在旅行中会更有体验感和安全感。

通过移动互联网平台,在打造自己社交旅游品牌的同时,也要开发一款自己的APP,当然,这要求旅行社在业内有一定的影响力,或者有一定的私域流量。因为对于大多数中小旅行社来说,即使开发了APP,也无法保证它的下载量,更何况旅游行业是一个典型的低频消费行业,即便游客下载了,可能一年也就使用一两次。所以,推广起来也比较困难。

比较务实的做法,就是通过微信、社群、LBS(Location Based Services,基于位置的服务)的半熟人关系获取用户,这种方式极大地降低了用户拉新和留存成本,将原本需要几十元、几百元才能获取一个新交易用户的成本，降低到一两元甚至免费。也就是说，要学会借助微信流量生态，这样打通公众号、转发给好友或微信群都极为便捷，非常符合旅游行业的低频属性和社交营销模式。

如今，虽然旅游行业内已经有了一些社交平台，且占据了一定的市场份额，如马蜂窝旅游网等，但其仍属于传统的社区形态。我们所说的这个平台的亮点是要让社交真正成为旅游的灵魂，让旅行不能只是一场身体的感官之旅，而应是一场和有趣的人互动式的旅行社交——可以是熟人之间的分享，也可以是陌生人之间的搭讪，而且能将具有共同话题、共同喜好的用户聚集到一起，让大家以一种更便捷的形式建立沟通和交流。如此，才能消除用户的痛点，解决传统旅游存在的弊端，通过转型寻求出路。

电影行业：电影开拍前已经收了票房的新模式

近些年，我国电影市场实现了爆发式增长，且市场规模还在不断增长。2020年，因受到新冠肺炎疫情的影响，从生产制作到发行放映，影视行业暂时停摆，电影市场突然进入了"寒冬期"，整个行业的发展受到了巨大的冲击。但即便如此，全年总票房依然达到了204亿，一举超过北美，成为全球第一大电影市场，其中，国产电影的票房占比为84%，成为年度票房担当。2021年全年总票房472.58亿元，城市院线观影人次11.67亿，放映场次1.23亿场。

随着电影市场的不断增长，投资方、制片方等参与者的数量也相应增加。过去，电影的投资方大多由一两家电影公司担任，如今，投资方的数量开始增多，令电影圈感到陌生的公司开始大量介入。因此有人说，电影行业是一个暴利行业，看那些知名演员的片酬就知道了。不可否认，电影行业曾经是最赚钱的行业之一，而且很多人通过投资电影赚得盆满钵满。

但在今天看来，投资电影行业也是有相当风险的。这主要是因为现在的观众更挑剔，更注重品质。一部片子拍出来，不是导演说好就好，请的演员好票房就好。有些片子拍得很烂，如果是早些年，观众也许会到影院捧场，加上制作方的一番炒作，也能取得不错的票房。但是现在已经今非昔比，不同往日了，片子好不好，观众会通过许多渠道来评价。而且现在的年轻人有个习惯，就是在去电影院之前会到网上去查看影评，如果看到的评价大多是"片子很烂""不值得看"，可能就不去了。

有些电影，在开拍之前就被大肆炒作，投资者预期过高，结果制作质量低劣，情节也很乏味，票房自然很低，投资者根本赚不到钱。如果你是制片人，今天你拍着胸脯说："导演、演员都是大牌，想不赚钱都难，名额有限，快来投资吧。"别人未必会投你，为什么？因为赔怕了。

做电影行业要想赚钱，而且想稳赚不赔，除了片子质量要好外，运营模式也要跟上。过去，花巨资完成了一部作品，在票房有保证的情况下，一般要上映一段时间后才能收回投资。如果今天依然遵循这种模式，那收回投资的时间成本就太高了。那能不能在开拍前，就获得可观的票房收入呢？这就涉及电影行业一种新的商业模式。

下面，简要介绍一下笔者发明的这个模式。

比如，一位导演要拍一部贺岁片，还没有开机，一分钱没投，就预收了上千万的票房。他怎么做到的呢？

他先完成一个片花，然后开始向投资人筹钱，当然不是通过在影片中植入广告来收费，而是卖电影票。没错，是电影票！这个有点颠覆我们的三观。通常，只有电影上映了才有"卖票"一说。这里，提前向"观众"卖票，一张票50元，你花100元买了两张，到时你可以带着朋友去影院看，而且你买了票之后，你多了一个"投资人"的身份，也就是把这100元折算成项目的股权。如果上映后，票房非常好，那你可以凭借这些股权分红，这样100元投进去，到时会变成200元、500元，甚至1000元。为什么？因为票房好，溢价了。

这种模式对"观众"这个投资人来说没有任何风险，即使将来票房很糟糕，没有得到一分钱，也谈不上亏——等于买票看了场电影。与传统的运营方式相比，这种模式可以直接向广大观众预售票，不但简化了中间环节，而且变观众为投资人。买一张票不但能看电影，还能获得一定的投资回报，自然能激发观众的买票热情，而且，他们也会在各大平台为电影做一些积极的评价与宣传。因为从买票那一刻起，票房的好坏就与他们的利益挂钩了。

当然，电影票可以经过多轮溢价，处于筹备的不同阶段，价位不同。刚有剧本的时候，价格比较便宜；临近上映时，价格会涨，因为马上可以收钱了。如同投资一家公司，在剧本阶段，相当于天使投资，最便宜，风险也最大；临近上映，类似于明天就要IPO（Initial Public

Offering，首次公开募股）了，自然最贵。

想要让这种商业模式落地，还必须有相应的互联网平台。观众通过平台来认购电影票，而且只有完成交易且不退票，才能享受到后续的股权收益。同时要强调的是，观众不拥有电影版权，只拥有电影的收益权。

相较于传统的运营模式，该平台的最大优势在于认购的门槛低。只需买一张电影票就能扮演"投资者"角色，即使是上亿成本的电影，花几十块钱也能做股东，真正让电影投资成了全民参与、全民致富的一个投资项目。所以说，在产能过剩的今天，一部电影要想有好的票房和较高的投资回报率，一定离不开好的商业运作，唯有如此，才能卖得出、卖得好。

玩具行业：新玩具卖、旧玩具收的新模式

每年，全球玩具市场规模都在稳步增长，有调查数据显示，2021年，全球销售规模突破了1000亿美元，其中，美国是全球最大的玩具消费国，占全球玩具零售额的28%左右，我国玩具市场约占全球玩具零售额的14%，为亚洲最大的玩具消费国。同时，我国还是世界上最大的玩具制造国和出口国，素有"世界玩具工厂"之称。

随着人们生活水平的提高，我国玩具行业将保持着良好的发展态势，未来市场增长空间巨大，谁能抓住这个市场，谁就能分得一杯羹，不过前提条件是，你提供的产品和服务一定能解决行业的痛点，否则只能隔靴搔痒。

那么这个市场到底有哪些痛点呢？主要有以下两种。

第一，缺少原创IP（品牌）。随着玩具市场竞争白热化，行业内出现了越来越多的同质化竞争，以及通过打价格战等来"抢食"的现象。这些都限制了品牌的溢价能力，同时严重影响了行业的发展空间。

第二，产品比较低端。目前的产品大多数比较低端，习惯跟风、仿制。很多父母给孩子买回去后，孩子玩不了几次，就会出现质量问题，或者玩了几次就不想玩了，最后变成了废品。如此，会造成严重的资源浪费。

这是当前制约玩具行业发展的两个关键痛点。如何解决这些痛点，既能让家长为孩子买到质量有保证，价格不贵的玩具，又可以用旧玩具换新玩具呢？

下面是笔者发明的涉及玩具行业的一种全新的商业模式，我们暂且称其为"旧玩具换新玩具模式"。这种模式的主要优势是，可以把闲置的旧玩具"盘活"，同时，用户可以花较少的钱换到款式多样的新玩具。

具体来说，这种新模式要怎么操作呢？

1. 建立平台

在移动互联网时代，平台的重要性不言而喻。开发这样一个互联网平台，它有独立的运营空间与域名，可以在上面全方位展示最新的玩具，并建立销售、置换、共享、公益等版块，以此来吸引宝爸宝妈，因为孩子永远喜欢最新的玩具。

2. 以旧换新

在平台上，买家既能买到各种最新款的玩具，也可以用旧玩具置换新玩具，但是旧玩具必须从该平台购买。比如，一个顾客一个月前花200

元买了一个毛绒小狗玩具,孩子玩了几次就腻了,想换一个毛绒熊玩具,他可以在平台拍下毛绒熊并支付230元,同时把毛绒小狗玩具寄回平台,平台收到后会根据玩具的新旧程度给一个折价,然后把钱退给这位顾客。如果孩子玩几天,又想换了,顾客还可以再来拍新玩具,平台不限制置换次数。

3. 租赁模式

租赁模式就是平台可以采购一些高端玩具,以租借的方式把玩具出租给家长。这个租金要非常便宜,因为这样才有吸引力,但前提条件就是对方需要支付一笔押金。到期后,押金是可以退还的。比如,对方要租某个玩具,租金是一年,需交3000元押金和100元租金,在这一年内,玩家可以免费更换5次玩具。如果想租更多玩具,从第6个玩具开始,每个玩具收10元钱。这样一来,家长花很少的钱,就可以让孩子玩更多的玩具。

因为出租的是高档玩具,有人可能会问:"租金这么便宜,那怎么赚钱呢?"

首先,因为押金是按年交的,在这一年内,这些钱可以用来投资一些理财产品,至少可以赚回玩具的钱。其次,有相当比例的孩子想买下租来的玩具,一般家长是同意的,这样就等于变向销售玩具。

4. 共享模式

如果一位家长在平台买了一款高档玩具,过了一段时间,孩子不喜欢了，家长可以通过平台来出租玩具，如果平台帮他租出去，可以获得一些佣金。毕竟，玩具是一个可以重复使用的东西，只是中间多了一个清洗消毒流程，所以增加不了多少时间和成本。

如果是低端玩具，因本身价格不高，也没有人愿意花钱来租，这时，可以把它发布到平台上，来和别人自由交换。这样一来，平台就具有了分享功能。

5.公益事业

平台运营一段时间后，一定会收回越来越多的旧玩具，怎么处理呢？扔了可惜，可以捐给贫困地区的孩子。同时，平台可以鼓励小朋友捐出自己不玩的旧玩具，培养他们的公益意识。不论是平台回收的，还是小朋友捐赠的旧玩具，将统一交由专业的第三方公益机构，在经过清洗、消毒等处理后再捐出。

经常听到很多人说，玩具行业赚钱越来越难了。其实，不是现在的玩具行业赚不到钱，而是过去的思维赚不到钱了，如果想要赚到钱，就要运用最新的商业思维！

在模式为王的今天，不只是玩具行业，任何一个传统行业的竞争都越来越激烈，如果只靠老套路，不靠新模式赚钱，垮掉是迟早的事。正所谓"只有垮掉的企业，没有垮掉的行业"。有一天，当你突然发现自己的生意一夜之间被别人"打劫"了，请不要惊讶，因为抢你生意的不是别人，而是新的商业模式。

装饰画行业：永远有新感觉的商业模式

如今，人们对个性化、时尚化家居设计的要求愈来愈高，特别是装饰画，已然成了一种时尚，是家居客厅、卧室、餐厅、书房、儿童房不可或缺的情调、品位装饰。很多家庭都会挂上几幅装饰画，它们在给家里增添一份色彩的同时，也彰显着主人的情调。特别是一些有特色的画，可以提升房子的高级感以及凸显主人的艺术修养。

一些市场调查显示，有近七成的被调查者表示会通过购买装饰画、家居装饰品装饰居室来体现个人风格和品味。我们做个粗略的估算，按每100平方米的房子4～6幅装饰画的需求来计算，我国装饰画消费市场就有近千亿。而且随着家庭装饰品需求量的快速增长，未来，装饰画行业的市场前景及利润空间都将十分可观。

虽然庞大的市场需求孕育了巨大的发展空间，但不可否认的是，制约装饰画行业发展的痛点依然有很多，其中最重要的一个，就是顾客的"审美疲劳"。即使一幅画再名贵，再好看，看久了，也就失去了新鲜感,一年,两年……墙上常年挂着一幅同样的画,似乎不合乎我们的审美习惯。通常,我们会对装饰画进行更换,还可能把换下来的画扔掉。

如果是很普通的画,一年下来"扔"不了多少钱,但如果是有价值的画,扔了舍不得,放又没处放,送人又送不出去。不少家庭都遇到过这样的困扰,怎么办呢?最后只能是卷起来,随便找个犄角旮旯塞进去。其实,这是一种极大的资源浪费。画不同于其他东西,挂在墙上除了会落些灰尘外,一般不会有什么损伤,即使挂一年也和新的相差无几,扔了实属可惜。

下面介绍一下笔者发明的一种可解决这个问题的新模式。什么模式呢?就是借助互联网可以实现的,能永远给顾客带来新感觉的"以旧换新模式"。建立一个平台,让顾客的闲置画有处可去,而且还能"卖"个好价钱,从而让部分顾客更愿意为新感觉而来这个平台消费。

这里的"以旧换新"并非传统意义上的以旧换新。过去,你把旧商品交给商店,可以抵扣一定的货款,旧商品相当于折价券。如果商家觉得旧商品分文不值,那你就得以原价购买新商品。这种以旧换新的目的,主要是为了消除旧商品形成的销售障碍,以防消费者因为舍不得丢弃尚可使用的旧商品而不买新商品。其中,一些不良商家难免会抓住顾客爱占便宜的心理,打着"以旧换新"的幌子坑蒙顾客,时间久了,让人产生了一种心理定式:赔钱的买卖谁做,"以旧换新"猫腻太多。

我们讲的"以旧换新",其商业逻辑是:顾客在这个互联网平台上办理一个固定期限的会员，可以是一年、两年，或者更久，在会员资格存续期间，可以免费更换平台上面所有的装饰画，只要是顾客看中的，都可以免费更换，只需支付快递费即可。这种新模式没有任何套路，是实实在在地让利顾客，赚的是良心钱。

那这种模式如何盈利呢？主要是靠会员费盈利，因为会员费是不退还的。

举个例子。

一年期会员的费用是2000元，两年期会员的费用是3000元。如果顾客办理一年期会员，花2000元在一年内可以免费换50张、100张，甚至更多张新画，如果用这笔钱去买新画，可能只够买20张，或者更少。对于有装饰画需求的顾客来说，显然办理会员更划算。

如果平台有1万张画，有1000个一年期会员，那一年就可以收到200万会员费，除去画的成本，以及平台运营成本，剩下的基本都是利润。假如一幅画的成本是20元，成本就是20万元，即便平台运营成本30万元，还有150万元的利润。

可见，这种模式不但能给顾客带来更多的选择，更贴心的服务，而且具有相当大的盈利空间。同样是1万张画，如果通过传统的销售模式来盈利，即便一张只赚1元的利润，把它们全部卖掉也不是一件容易的事。孰优孰劣，一目了然。

另外，与传统的销售模式相比，这种模式淡化了"卖"这种行为，销售的味道没有了，有的只是黏性服务，你觉得不满意，可以换，换到你满意为止，即使顾客想给个差评也都没有机会。这样一来，不但可以长期锁定大量客户，而且无需不断拉新、转化，还能挖掘客户的深层次需求，便于开展私人订制等后续业务。

雾化棒行业："天下无烟"最新互联网模式

我国是一个烟草大国，据不完全统计，我国大约有3.5亿烟民，占全球烟民总数的三分之一。这么庞大的消费群体，催生了一个万亿级别的市场。

吸烟被世界卫生组织（WHO）称为继战争、饥荒、瘟疫、污染之后人类的"第五种威胁"。一些调查数据显示，我国每年约有100万人死于吸烟相关疾病，是全球死亡人数的五分之一。医学证实，每支香烟燃烧时能释放出4000多种化学物质，几十亿个颗粒，其中含有尼古丁、一氧化碳、焦油、氨、苯等69种致癌物，特别是尼古丁，它使大脑神经产生依赖，使吸烟者精神萎靡。

考虑到香烟对人体的危害，越来越多的人选择吸电子烟与雾化棒，它们都属于新型烟草制品。这也导致相关行业近年来持续火热，市场规模不断扩大。以电子烟为例，2020年，全球以电子烟为代表的新型烟草销售规模达到了430亿美元，在全球新冠肺炎疫情背景下，同比增长

17%，仍保持相对较高增速。

目前，电子烟与雾化棒市场鱼龙混杂，产品标准并不完善，其对人体的危害难以预料。2022年3月11日，国家烟草专卖局发布公告，《电子烟管理办法》5月1日起正式实施。所以，虽然国内电子烟与雾化棒市场前景广阔，但由于监管力度加强，其市场增速将有所放缓，特别是雾化棒行业，要想分割我国烟草市场每年万亿的净利润，必须从解决传统烟草的痛点入手。

什么是传统烟草的痛点呢？就是吸烟对身体的伤害，包括吸二手烟。如果解决不了这个痛点，雾化棒行业不可能有大的发展。

有人可能说，我们的雾化棒与电子烟不同，不含尼古丁，对身体没有伤害，市场前景肯定不错。其实不然，你说好卖不行，事实上也是卖不动的。为什么？首先因为你能做到不含尼古丁，靠这个做卖点，别人也能做到，最后大家还是同质化竞争。其次，你的产品没有经过国家相关机构的检测，无法证明你比别人做得更好。在顾客眼中，它就是一款普通的香烟替代品，并没有什么特别之处。

那如何变得特别，而且又能得到人们的青睐呢？研发新的功能。什么功能呢？就是通过雾化棒的雾化来"吸"烟，而且是专门用于吸二手烟，以大幅消除烟草中的有毒物质。为什么一定是二手烟呢？因为二手烟的吸烟率远远超出一手烟。试想，如果有这么一款雾化棒产品，它喷出来的烟雾能够大幅降低空气中二手烟里面的尼古丁和焦油含量，从而避免二手烟对身体造成的危害，那意味着什么呢？一定是好的市场前景。

这种雾化棒相对于电子烟，或者其他雾化棒，最大的优势就是减害，把二手烟对身体的伤害降到最低。它本身不含任何有害物质，都是天然草本的萃取精华，通过雾化给药的方式，将小颗粒的雾滴直接作用于呼吸道和肺部，特别是对想要戒烟的人群，是非常不错的选择。可以说，这种"无烟"雾化棒可以解决吸二手烟者的痛点。

笔者把这种通过功能创新来开辟市场的模式称为"天下无烟"模式。目前，有很多长期饱受二手烟危害的客户都在大量购买此种烟雾棒，以此抵消部分二手烟雾，并收到了不错的市场反馈。例如，有的公司选择无人售货模式销售"无烟"雾化棒，这样既节省了一笔昂贵的入驻费用，又可以将雾化棒的售卖场景化，从而促进了消费，提升了品牌形象。这就像在景区卖纪念品，在火车上卖零食一样，将雾化棒售货机放置在酒吧、KTV等一些年轻人聚集的场所，有助于营造一种场景体验，满足人们即时的便利性消费需求，同时，因其灵活、方便、快捷、自助式，以及更重要的"无接触售卖"等特点，深受大小商家和消费者的欢迎。

对于投资者而言，可以将其铺设在地铁站、公共汽车站和候车室外、机场、商场、办公楼、公寓大楼和户外区域等，只要有人流量的地方，都可以放置。

瘦身膜产品：瘦身思路换一下，迎来大市场的新模式

如今，肥胖已经是我国社会普遍存在的一个健康问题。近几年，我国肥胖人口数量已赶超美国，成为世界上肥胖人数最多的国家。国家卫生健康委员会公布的一项研究显示，目前，有超过一半的中国成年人超重，6岁至17岁的儿童、青少年超重肥胖率接近20%，6岁以下的儿童达到10%。超重肥胖已成为影响我国居民健康的重要公共卫生问题，适当减脂减重刻不容缓。

肥胖不仅影响个人的外在形象，而且会给健康带来危害。平时你只要注意观察就会发现，肥胖人群的身体健康状况普遍较差，一些疾病与肥胖都有着或多或少的关系。最常见的就是"三高"，另外，太过肥胖会增加患糖尿病以及一些心血管疾病的概率。

随着消费升级和人们体重管理和健康意识的加强，"卡路里"

"减肥"等词频繁出现在日常生活中,"减肥"也成了都市男女绕不开的话题。不断增长的减肥需求,催生出一个庞大的减肥市场。据不完全统计,我国专业从事减肥相关行业的企业超过了7000家,其中有自己独立品牌的企业就超过了1000家。为了争夺发展迅速的减肥市场,各大品牌纷纷使出各自的杀手锏,比如,有的专攻药服减肥,有的研究保健品减肥,有的研究运动减肥,还有的做中医减肥……

如今,减肥的方式和产品琳琅满目,让人目不暇接。到底该相信谁?什么样的产品不含违禁品?哪种方法更有效?这一连串的问题背后,折射出行业的两大痛点。

第一,虚假广告满天飞。比如,有的品牌为了吸引客户,进行虚假承诺,动不动就是"一针见效,想不瘦都难",或"一个月瘦10斤,不瘦包退款""只管吃,一个月轻松瘦20斤",看上去会让人十分心动。有的创造模糊概念,如声称自己的产品不是药物,而是一些专门瘦肚子的奇妙物质,对自己销售的产品成分大多遮遮掩掩。还有的就是不断变换产品名称,搞一些时尚的叫法。

第二,产品存在安全隐患。比起虚假宣传,更可怕的是消费者吃的减肥产品含有违禁成分。比如,有些无良商家用不健康的原料生产所谓的减肥产品或药物,消费者一不留神就会踏入"健康陷阱"。

这些行业行为不但扰乱了正常的市场秩序，也影响了行业的声誉，甚至引发行业信任危机。在这样一种行业环境中，做减肥产品靠什么生存呢？除了要诚信经营，做好的产品与服务外，还要学会转变瘦身思路，避免同质化竞争。

有一个做瘦身膜产品的公司，投了大笔资金做产品研发。大量的实验证明，该公司的新产品瘦身效果不错，贴在哪里瘦哪里。比如，贴在腰部或腿部，只要坚持使用一段时间，就会起到明显的效果。而且新产品获得了多项国家专利，通过了相关部门的质量检测，不含任何违禁成分，也得到了消费者的认可，但就是迟迟打不开市场。后来，创始人来找笔者，笔者帮他改变了思路，将"瘦身膜"改名为"瘦脸膜"，结果大卖。为什么？因为腰部、肚子等部位，即使瘦下来也容易反弹回去，效果并没有那么明显。而脸部就不同了，即使瘦一点下来，看上去也是很明显的。产品还是那款产品，表面上看，只是换了个名字，其实是换了个赛道。

在新的赛道，不存在同质化竞争，而且产品真的很棒，不打针、不吃药，贴几次就能让脸变小，具有安全、专业、轻松、不易反弹、快速减脂等特点。那么，瘦脸有效果，瘦腰行不行？没有问题。

所以，对做瘦身膜产品的企业来说，不一定非要针对腰、腿，或整个人的体重去煞费苦心，可以转为研究营销策略，避免和同行正面较劲。只要你做的是好产品，而且健康、有效，不妨换个思路，变个赛道，多用些心思把产品做得专业一点，定会"柳暗花明又一村"。毕竟，更多的消费者愿意为自己切身感受到的效果买单，而且她们在获得了良好的体验后，还会忍不住向朋友推荐。

盲盒行业：互联网盲盒有大市场、新模式

盲盒是时下比较流行的一种营销方式，尤其受年轻人的喜欢。这种营销模式创造了一种充满不确定性的购买机制，具有随机属性，即消费者不能提前得知具体产品的盒子，只有打开后才会知道自己抽到了什么。这种不确定性会刺激消费者一再购买，并且感觉"很上瘾"。

现在很多年轻人都喜欢购买玩偶盲盒，且一买就停不下来。通常，这些盲盒有很多款式，一套由10多个不同的玩偶组成，一个价格几十元。由于盲盒被设计成具有不同风格的系列，一个系列至少包括十几套，所以，消费者要集齐一个系列的玩偶，必须大量购买，而且，很多时候会买到重复的玩偶。

假设一个盲盒50元，一套有10个款式，一个系列有5套，如果要集齐一个系列的50个玩偶，至少要买50个盲盒，也就是要消费2500元。

所以，经常有一些年轻人会一箱一箱地买，花五六千元，甚至上万元，为的是集齐一个系列的玩偶，或有机会抽中含有稀有款式玩偶的

盲盒。

很多人会迷上这种消费形式,动不动就想买一个盲盒,最后可能买一些回来,或者每天都要买几个。行业的一些销售数据显示,在盲盒消费者中,18～24岁人群占32%,25～29岁人群占26%,而所有盲盒购买者中,女性消费者占75%。与此同时,平均每年有20万消费者在盲盒上花费超过2万元,甚至有人一年耗资百万来购买盲盒。

可见,以"盲盒"为代表的潮流玩具和时尚消费产业,正成为年轻人寻找存在感、进行社交的重要方式。如今,盲盒不再只是玩具商家开发的小众产品,已成为各行业争取年轻消费群体的重要营销模式,且逐渐走向大众化。

我国的盲盒市场发展时间较短,但发展速度惊人。数据显示,全国的企业名称、经营范围等中包含"潮玩""盲盒""手办""IP衍生品"等关键词的相关企业,从2017年的1935家增至2021年的5054家。其中,仅2021年新增企业就达到2014家。2019年,我国盲盒产业市场规模为74亿元,2021年这一数字突破百亿,预计2024年市场规模将达到700亿元,2030年将突破1000亿元。

虽然,这两年盲盒行业得到了快速发展,并形成了一定的规模,但是,有以下两大行业痛点影响或制约了线下盲盒的发展。

1.盲盒的规模很难做起来

盲盒的市场规模与发展空间都非常大,但是,想要真正把量做起来比较难。因为要受限于线下盲盒的销售方法。通常，顾客买完盲盒，打开之后，"中奖"就是"中奖"，"不中"就是"不中"，如果想中奖，就得继续购买。虽然，很多人都想试一试手气，但是，几次不中之后，就可能不再购买了。这样一来，盲盒的销售数量只能靠少数忠实的粉丝级玩家来支撑。尤其，对一般的中小商家来说，想做到一定的规模很难。

2. 缺少新意与新的销售方法

线下盲盒虽然深受年轻人追捧，中不中奖完全要靠运气，而且，没有大奖很难一直吸引年轻人。长远来看，如果不进行销售方法的创新，行业将很难有新的突破。

除此之外，还有一些行业痛点，比如，借盲盒来清库存，消费者买不到快乐和惊喜，更多的是踩到盲盒消费中的"坑"，结果，拆出一盒"烦恼"。再如，虚假宣传、暗箱操作等，让盲盒市场备受诟病。

在新冠肺炎疫情肆虐的当下，线下门店生意受到了极大的影响，这让互联网模式变成了这个行业不得不选择的方式。

如何有效解决这些行业痛点呢？有这么一个线上盲盒平台，就是使用互联网盲盒这种模式来解决。具体做法就是把盲盒从线下搬到线上，不喜欢的奖品可以不提货，而且，增设了大奖环节。

线上盲盒有一个明显的优势，即顾客可以在平台上看到开盒以后的奖品，如果顾客看过奖品后，觉得对自己没有什么价值，那他可以选择不领奖，继续开，这一点与线下盲盒有很大的不同。线上盲盒中的商品具有相当大的吸引力，如商品可能是名牌手机、笔记本电脑，也可能是一辆小汽车，这都是有一定概率的。为了保证真实性，需要特定的算法保持公正，平台方绝对无法作假。

核心玩法就是线上夺宝模式。比如，一期共有1万个盲盒，其中价值最高的商品是一辆宝马汽车，除此之外，还有其他高价值商品。为了夺得宝马，顾客可以在线抢盲盒，即便买到几个，拆开不是宝马，也可以获得其他高价值的商品与礼盒。当然，这种平台因为有具体算法的公布，所以，根本无法作假，客人买的时候不用担心虚假问题。

具体来说，线上盲盒模式主要有下面三个步骤。

1. 创建全新模式的盲盒平台

目前，有一个盲盒平台叫"鲤鱼"，创始人沈总把线下的盲盒模式搬到了线上，并且，植入了全新的中奖模式。

2. 设置盲盒规则

具体来说，就是规定平台盲盒的模式，可以在线开盲盒得赠品，也可以盲盒守宝等。这些模式都非常适合在线盲盒。另外，要告知用户每种模式的中奖概率，以及中奖规则。

3. 开启盲盒活动

开启盲盒模式后，平台要详细告知用户应该如何参加盲盒活动。比如，在已经开启盲盒的商品中，添加"盲盒"二字的小提示，以便用户进行识别及下单。当用户参加活动并中奖时，会收到系统通知，确认收货后商家才向用户发送奖品。

互联网盲盒模式更容易制造惊喜，普通的奖品不提货也可以换取更多的开盒机会，既然盲盒的价值这么高，那如何保证平台盈利呢？

（1）可以采用会员制，即鼓励玩家充值，而且，充值越多，优惠力度越大，这会保证平台获得一定的资金沉淀。

（2）设置抽奖、集卡等模式，即老用户介绍多少新用户来，就可以抽多少次奖，或者集到什么卡片，或介绍来的新用户消费一定额度之后，老用户可以得到相对应的奖励等。这种模式在激励用户参与、分享的同时，也可带动平台产品的销售。

总而言之，线上盲盒是一种新的"随机模式"，它遵循了这样一种商业逻辑：通过更人性化的奖励机制，将产品销售中的利润最大化，并最大限度让利于参与购盒的用户，从而实现多赢的效果。现在这个模式在年轻人群中风靡一时，大家都在"鲤鱼"平台上收取自己的"幸运"。

医美行业：一种整合整个行业的全新互联网模式

移动互联网时代，也是一个看脸的时代，尤其是诸如直播、短视频营销等行业，美会给人带来一种天然的优势，所以，越来越多的人，特别是女性，比较关注医美行业。作为一个神秘与机遇并存的行业，医美对于消费者的吸引力越来越强。

医美行业，即医疗美容行业。所谓医美，主要是运用药物、手术、医疗器械，以及其他具有创伤性或不可逆的医学技术与方法，对人的体貌进行修复和整形的美容方法。医疗美容包括五官美容、皮肤美容、无创美容、口腔美容及其他方面的美容。

我国医疗美容市场现处于启蒙阶段，但近些年来，随着经济的发展，以及人均可支配收入的增加，购买力和个人医美意识的提升，我国医疗美容市场规模迅速增长，从2014年的500亿元增加至2020年的近1800亿元，7年时间增长近3倍。预计到2026年，轻医美市场规模将突破3000亿元。

虽然医疗美容是一个朝阳产业，行业前景一片大好。但是现实中，大多数医疗整形美容机构都面临着生存困境。一些医美行业大数据显示，近70%的医美机构多处于亏损状态。而导致市场前景不错的医美行业如此之难的主要原因在于营销渠道与推广方式，也就是行业吸粉引流比较难。

现在，几乎所有的医美机构都是通过微博、公众号平台或者百度竞价等方式宣传自己，当前，又多了一个渠道，就是通过大V、网红来导流。但是，所有这些方式都存在一个突出的问题，就是获客成本高。

以竞价为例，要让自己的广告展示在头部，就必须不断地投资，假设你投三五千块钱进去，可能有几千或者上万的点击量。但是，转化率低得惊人。因为，很多时候，用户是被误导进去的，他们根本不需要这方面的资讯或者服务，点进去之后，马上会退出来。通过这种方式获得客户，成本是极其高昂的，通常，你投几万块的广告费进去，可能只找到十几位意向客户，最后能成交的也不过三五个。算下来，分摊到每个客户身上的广告费，就有三五千元。而美容机构又想从这些客户身上赚钱，如此一来，还奢望服务价格降下来吗？

获客成本高，服务价格无法下调，无形中抬高了医美的门槛。有些机构为了尽可能多地获得客户，会打出诱人的价格，结果技术与服务也大打折扣，从而经常导致一些美容整形事故。所以，整个医美行业呈现这样一种现象：几家独大，大部分中小型美容机构或医院很难获得客户。因为顾客对中小型美容机构不信任，他们宁可花大价钱也要找大的机构或医院。

那中小型美容机构或医院的解决的办法就是通过互联网来整合客户资源，从而解决困扰自身发展的吸粉引流难题。

具体操作方法如下：

有这样一个互联网平台，笔者发明了一个客户自助换脸模式。即，用户登录平台后，上传一张自己的近照，或者在线自拍一张，也可以通过3D扫描设备，在平台数据库中建立自己的头部模型。平台经过数字化处理后，将图片或头部模型调整为可编辑状态。这样，用户可以根据自己的喜好，在线调整自己的脸型、嘴型、鼻子等，想调成什么样子都可以，也可以选择让美容医生来帮助自己调整，直到满意为止。然后，系统会给出一个整容后的平面图或3D效果图。这样，用户就可以提前预览自己美容后的效果。

过去，自己要整成什么样子，没有明确的标准，对诸如"脸部要瘦一点""鼻子再挺一些"等认知很抽象，只能听从医生的建议，因为在对"什么才是美"的这个问题上，不同的人，相互之间的认知是有差异的。所以，这就很容易产生一个问题：

医生说："你看，现在你活脱脱变成了一个美人儿！"

客户说："哪里好看了，明明鼻子给整塌了，嘴巴给整歪了，这算医疗事故，你得赔。"

……

这也是现在医美行业内普遍存在的现象。

通过平台自助换脸模式，可以有效避免这种纠纷。在美容之前，方案一旦定下来，大家看到的是什么样，美容后的结果就是什么样，最大限度地避免了以医生的主观审美标准进行操作。平台可以在客户与医院之间建立信任的桥梁，客户可以提出并不断修改自己的整形方案，医生可以提供专业的建议与技术讲解，为客户答疑解惑。这样，平台就解决了行业最棘手的两个问题，即引流问题与信任问题，从而最大可能地促进在线交易量。

如果，平台由非美容或医疗机构所建，属独立的第三方，那必须考虑平台的盈利问题。怎么盈利呢？可以是"广告费+平台交易服务费"，广告费这块很好理解，就是随着平台流量的上升，吸引一些有品牌影响力与知名度的美容机构进行广告赞助，同时，要尽量过滤掉一些不诚信、虚假宣传的机构及欺诈信息，保证平台的独立性与权威性。平台交易服务费则是指根据成交情况收取佣金。另外，平台要有分享功能、评价功能，即客户既可以在平台分享自己真实的美容经历，又可以对机构进行评价与打分。

伴随着互联网与美容行业的深度融合，这种新的模式在大幅提升用户的线上与线下体验感的同时，也增加了用户的黏度，从而在解决制约行业发展的关键性问题——获客成本高的同时，也发展了线上市场。与此同时，它还有效解决了诸如信息不对称、流程不透明等问题，可谓是一举多得。

律师行业：一种可以在线"偷听"的平台模式

据最高人民法院公布的数据显示，2016年全国共有2300万件诉讼，2018年增加至2800万件，2020年超过3000万件。以2018年的2800万件为例，总标的额当年有5.5万亿元，这只是当年的增量，如果与存量相加，则会是一个惊人的数字。如果，以10%的比例收取法律服务费，仅2018年就是5000亿元左右。由此可见，我国每年的法律服务市场规模接近万亿。

虽然，每年法院审理的案件很多，但是，只有将近20%的人请了律师，为什么？一是因为法律服务专业性强，咨询、诉讼服务费用高，对于一般的企业或个人来说难以承担；二是因为无法监督，无法追踪，导致服务质量无法保证。

以法律咨询服务费为例，之所以费用高昂，究其根本就是因为沟通成本。通常，律师只能一对一服务当事人，而当事人与律师之间的时间、地域等因素通常是不匹配的。再者，如果律师提供免费咨询服务，则会导致每天要花很多时间与人沟通，一个月下来，发现根本接不了几个案子，这种免费的代价太大。如果按时间收费，当事人会觉得只是问一些问题就交费，这钱赚得也太容易了，再者，谁知道你是不是在忽悠。所以，只要律师收取法律咨询服务费，客户可能就会觉得有些物不所值。

正是诸如此类的市场痛点导致了互联网法律服务平台开始"走红"，它们对传统的法律服务进行改造，解决用户与律师之间存在的信息不对称、业务不对称等问题，并提供门槛低、即时、价格可接受的法律服务。

但是，这些互联网法律服务平台普遍存在一个问题，就是难以盈利，而且，随着竞争的加剧，很难抢到一些好的案源。

例如，现在有很多做C端法律服务的平台。它们通过提供免费的法律咨询服务来获取案源信息，然后，再介绍给一些律师，以赚取佣金。为了争夺流量，这些平台会不断投资，即便平台的流量增加，案源转化为订单的比例还是很低，可谓叫好不叫座。即使有的用户会选择付费咨询或者诉讼，也多是一锤子买卖。毕竟，你也不指望人家天天打官司。总之，这些法律服务平台最大的问题就是：付费转化难。

传统的一对一咨询服务，获客成本高，效率低，而刚兴起的法律服务平台，又存在付费转化难等问题。为了很好地解决这些问题，笔者发明了可以在线"偷听"的平台模式。

这种模式的核心在于在线"偷听"。举个例子。

你正在打一个官司,找了一个知名的律师就某些问题进行咨询,律师提供了专业的解答,你全程录音。在征得了律师的同意后,你将录音内容上传至某平台,或者授权某平台公开相关的咨询内容。这样,当有人登录平台后,通过搜寻关键词,便可以找到这段内容。如果,他要咨询的问题与这段内容高度契合,或属同一类问题,那可以给他带来一些参考,并可能帮他省去请律师的费用。这即是所谓的"偷听"。

如果,当事人或律师不愿意公开咨询内容,或者出于保护隐私不便公开,则不可以分享到平台。在尊重个人隐私的前提下,为了鼓励当事人公开相关咨询内容,最好给予一定的回报,如按内容的点击率给予报酬。对于律师,平台可优先向其推荐类似的案源。

这种模式对在线咨询者来说,有三个优点:一是节省时间,二是可获得精准的服务,三是费用很低。

那么,这种模式该如何盈利呢?

1. 会员收入

在完成互联网+法律的平台搭建后,用户通过完成注册,并一次性交纳一定的费用成为月度会员、季度会员或者年度会员,也可以成为长期会员。会员可以在平台免费搜索、使用各类资源,或可以得到一定次数或时长的免费在线法律咨询服务,或在通过平台对接专业律师时,可获得费用方面的优惠。

2. 付费听

非平台注册会员，也可以搜索平台的资源，但是，只能试听一定的时长，或者每段语音的前十几或几十秒，如想听完整的内容，则需要根据时长或者内容类别支付相应的费用。

3. 按咨询费用收取佣金

当事人与律师可以通过平台实现语音或视频对话，对话可以分为免费模式与付费模式。在使用付费模式时，当事人要在线支付一定的费用，比如，一分钟5元，如要咨询10分钟，就先支付50元到平台，咨询结束后，平台扣除佣金，将余款打给律师。

4. 广告收入

这里的广告，主要指与司法、法律服务相关的广告。因为，平台是不分地域的，面向全国。同时，在平台咨询的均以小案子为主，很多时候它们无法转化成律师费。如此，律师可以不赚律师费，而是赚流量带来的广告费，即律师把自己的案例分享出去，按点击率，或者一定的比例收取平台赚的广告收入。

5. 成案后收钱

如果当事人通过平台聘请了某律师，那成案后，平台按一定的比例收取佣金。这样既鼓励平台为优秀的律师推荐优质的案源，又可以增加律师对平台的信赖与忠诚度。

6.卖法律服务产品

平台可以直接卖法律服务产品,比如,律师函、企业法律顾问、遗嘱、租赁合同,等等。

在生活中,对找律师这件事,很多当事人欠缺专业的法律知识,且对律师行业不甚了解,只能盲目、被动地通过律师事务所的名气或他人介绍来匹配律师,对于匹配律师的资质、知识、经验、资源、服务等关键要素,知之甚少。

可以在线"偷听"的平台模式,通过互联网、大数据及智能算法等,能够真实、客观地定位每一位律师所擅长的领域、资质经验,并给出一些精彩的语音讲解,以及有关服务态度、用户评价等信息,从而,精准地向用户推荐合适的律师。除此之外,通过"偷听"可以破除法律行业的强专业壁垒和信息不对称等问题,为用户提供更方便和更快捷的一站式法律服务。

设计公司：转型元宇宙的新模式

近些年，随着房地产市场的发展，以及人们居住条件的改善，人均居住面积较之前有了很大提升。这直接带动了装修与设计行业的发展。根据国家统计局给出的数据，2021年末，我国城镇常住人口为91425万，以人均居住面积30平方米粗略估算，我国城镇住宅总面积约270亿平方米，这还不算存量住宅，以及未竣工面积，由此足见我国装修与设计市场的庞大。

在移动互联网时代，随着新技术的不断发展与应用，人们获取信息越来越便捷，传统装修与设计行业存在的一些问题，表现得愈加明显。

1.线下获客难度大

现在，越来越多的商家通过网络平台来获得客户，同时，人们也通过网络平台货比三家，对价格、服务、品质等方面进行比较。如果商家在线上没有一定的知名度或者流量，即使线下做得再好，也很难获得客源。

2.产品同质化引发的价格战愈演愈烈。装修本身是个低频事件,很多人可能一辈子就装修一两次,加之,这个行业技术含量低,所以大家大多会选择价格相对较低的公司,很少考虑后期的服务。当然,为了保证利润空间,价格低的同时,服务品质自然也会打折。这也引发了行业内的一些不正当竞争与乱象。

3.设计难以满足用户需求

在设计过程中,客户通常难以准确描述自己的需求,很多表述都比较抽象,即使表达出来了,设计师在理解的时候也会出现偏差,甚至是误解。于是,经常出现这样的现象:设计图纸出来后,客户不满意,并提出修改意见,设计师修改之后,再找客户确认,几次下来,少则五六天,多则半月二十天。如此长的设计周期,严重影响了公司的效率。这也是传统装修设计行业最致命的问题。

要解决以上这些问题,尤其是第三个问题,只靠聘请优秀的设计师也是无济于事。许多时候,即使设计师非常优秀,也不可能让客户立马满意并签下合同。因为,人都有一种追求完美的心理,尤其在房屋设计方面,即便客户是个十足的门外汉,即便设计师的设计已然很棒了,他还是会想着挑些问题出来。

想要解决这个问题,建议将传统的设计模式转型为元宇宙模式。

元宇宙是当下很火的概念,什么是元宇宙?元宇宙是利用科技手段进行链接与创造的,与现实世界映射与交互的虚拟世界,具备新型社会体系的数字生活空间。用通俗的话来说,就是构建一个平行于现实世界的虚拟世界,在这个世界中,每个人都有一个虚拟的身份,并且可以和现实中一样参与社交、工作和娱乐。

我们创建这样一个平台,在设计行业里引入元宇宙模式,其实就是帮助客户创建一个与真实房屋一样的虚拟世界,客户通过穿戴VR等设备,可以身临其境地感受房屋采用不同设计方案后的变化。例如,客户选定了某一个设计方案后,那他在用该方案生成的虚拟世界中触及、感受到的一切场景,都会在现实世界中实现,是真正的所见即所得。元宇宙模式带来的这种体验是平面与3D设计不可比拟的。

用户通过沉浸式体验,可以准确说出设计需要改进的地方,设计师也能准确理解用户的这些诉求,而且他们可以共同走进虚拟世界,到处走走看看,面对面探讨设计细节。如此一来,双方的沟通一步到位,基本不存在认知上的偏差。

除此之外,元宇宙模式可以大幅减少设计公司的工作量。为什么这么说?过去,设计师在桌子上用铅笔、橡皮和三角尺作图,工作效率并不高。后来,坐在办公室用计算机中的软件协助绘图,日夜对着电脑屏幕。现在,设计师可以在VR中创作,他只需画一些户型的草图等,便可以在线生成多种不同的设计方案,用户选定某个方案后,通过增加、删除,或者修改某些细节来完善这个方案。比如,用户可以更换壁画颜色、家具大小等,所有这些操作都只需在模型库中进行选择并替换就可以了。如果模型库中没有，可以请设计师单独设计。新设计的物品又可以存放到模型库中。

过去，我们很长一段时间接触的都是平面设计，之后的三维设计可以让方案以立体的形式展现出来，更加逼真，也更容易让人们理解设计的内容。如今，随着互联网技术的发展，设计行业又步入了一个新的模式——元宇宙。它与家装设计的结合，可以为用户构建一个清晰的、身临其境的虚拟世界。用户可在其中自由行走、任意观看，"实地"了解项目的周边环境、空间布置、室内设计等，这种用VR效果图来谈订单的方式，可以大大加快签约速度。

传统肉业：一种线下无人牛排的新模式

我国是世界上最具活力的肉类消费国家，也是世界上最大的牛肉进口国家。随着生活水平的提高和对健康饮食的追求，人们的肉食消费结构逐渐发生转变。近几年，相较于其他肉类，虽然牛羊肉的价格比较高，但是消费量还是逐年上升。

尽管如此，从全球人均肉类消费量看，我国仍然较低。以牛肉为例，我国人均年消费量仅6公斤左右，而全球人均年消费量超过8公斤，其他牛肉主产国人均消费量均超过30公斤。随着收入的增加和消费结构优化，未来，我国肉类消费增长潜力很大。比如，仅目前的烧烤市场规模就已达2000多亿元，其对高品质牛羊肉的需求量巨大。

虽然，肉类的总体消费需求将会长期稳步增长，但是，传统肉业长期以来一直无法解决同质化竞争的问题。像这样的场景很常见：

想开个肉铺，可满大街都是卖肉的，竞争激烈；

想开个烧烤店，发现周边有很多大排档或小烧烤摊；

打算开个涮肉店,结果一条街上全是风味火锅;

……

这就是同质化。都是一样的牛排,你是炖的,我是煎的,他是烤的,严格来说,也算是同质化。基本模式没有变,只是变了一种吃法。在这个行业,不怕东西卖不出去,只是,很难获得比别人更高的利润。很多老板之所以亏损,就是因为与同行长时间进行同质化竞争,同样是卖牛排,你一斤卖50元,我卖48元,你卖47元,我卖45元,如此下去,虽然会用低价留住一些顾客,但会大幅压缩利润空间。

如果换一种思路打价格战可能会更好。例如,你卖50元一斤,我可以卖到100元。或者卖烤牛排,你一斤成本80元,售价130元,但是,我能把成本控制在60元,价格要卖到150元,而且还要卖得比你好。

这不是天方夜谭。现如今,我们可以借助互联网,做一个线上平台,用这个平台来卖牛排,当然,不是在线上下单,然后让外卖员送到家里的电商模式,而是完全无人干预、全自动化的模式。

为了实现这种模式,需要设计两种无人售货机,当然,这两种机器也可以做成一种。

其中一种主要用来保存与售卖。这种售货机不但要有普通售货机的全部功能,还要有智能温控系统,把牛排放进去还可以保存一段时间。顾客既可以现场扫码、支付,也可以通过APP在线下单。下单后,5分钟左右出成品。

另外一种用来烧烤。用户扫码后，把牛排放进去，等待几分钟，牛排就烤好了。当然，在烤之前，用户也可以根据自己的口味添加一些调料。

例如，在一些自助餐厅或者大一点的饭店，都可以摆放一些这样的无人售货机，顾客不需要排队，马上就可以享受到美味的煎牛排。由于这种运营模式不需要服务员，所以能大幅降低人工成本，同时，全程由机器进行标准化操作，卫生与口感有保证，且不需要等待太久，在生活节奏越来越快的今天，非常符合人们的消费需求，尤其深受年轻人的喜爱。除此之外，这种方式避免了同质化竞争，同时还可以保证相应的利润空间。

在传统肉业中，无人售货+无人烧烤的商业模式很容易落地，而且，已经有了一些成功的案例。在具体落地过程中，关键要把握好以下三个环节。

1. 运营流程

如果售卖与烧烤是一体的，那机器要集冷冻、冷藏、烧烤、清洗、净化、物联网、互联网、视频监控和系统预警等功能于一体，且可实现24小时全自动无人自助烤串。用户可通过触屏的方式下单，也可以通过相应的APP或小程序搜索附近的设备，并提前下单。同时，要设定好单次烧烤的时长，以及最大的存放与烧烤容量。

2. 存放与监控

设定适宜的冷冻或冷藏室温度，确保产品原有口感鲜度和营养成分的保留，同时要设定烤箱的最高温度。另外，通过物联网系统远程实时监控烧烤机器人的冰箱温度、烤箱温度、库存、清洗次数和净化指标等，指导运营人员需实时进行维护。

3. 配货

不论是工厂、供应商，还是餐厅，都可以进行配货。如果是工厂，可通过直营、自媒体投放和线下代理模式运营，工厂提供食材配送、补货和维护服务，然后抽取一定比例的销售分成。比如，当天的销售额是10000元，按5%抽取，就是500元。

综上所述，可以看出，这种模式的关键是解决两个问题：一是无人售货机，它的研发壁垒较高，从冷藏保鲜、烧烤、油烟净化到消毒等各个环节都要实现自动化；二是健康，整个过程无人干预，避免了在烧烤过程中频繁拿取食物可能带来的卫生等问题。

全自动化模式借助物联网技术，真正做到了无厨师、无采购员、无收银员、无服务员，并实现了顾客自我服务的智能化场景的应用。特别是在后疫情时代，这种无人售卖、无人烧烤的模式不但能满足顾客正常的用餐活动，减少人力运营成本，而且还能避免饭店、餐厅等公众场所人群聚集、排队拥挤等现象。

互联网医院：以病历为切入点的线上问诊

近几年，我国医疗健康产业发展迅速。特别是经过这次抗击新冠肺炎疫情一役，人们对医疗健康产品、服务的需求更进一层，而且，也愿意为健康付出更多。

现在，我国健康产业发展依然处于初级阶段，但市场潜力巨大，规模也在不断增长。一些权威机构的调查数据显示，2018年，国内健康产业市场规模超过7万亿元，2020年接近10万亿元，预计2030年将达到16万亿元左右。

随着互联网技术的发展，及其在医疗行业的广泛应用，未来，互联网医疗行业将得到快速发展，会有越来越多的医院采用网上问诊、在线就医、无接触购药等运营模式，以尽可能提供及时有效的服务和更好的就诊体验。

对用户来说，互联网医院模式不但可以改善就医环境，还可以有效解决一些医疗问题，比如，看病难、看病贵等。

现在，因为医疗资源分布不均衡，即便大医院的专家号非常难挂，人们也都喜欢扎堆到大医院看病。通常，大型的综合医院都分布在一线城市及经济较发达的地区，相对而言，基层的医疗水平比较低。所以，不论大病小病，人们都是能到大医院尽量到大医院，于是，"小病也进大医院"便成了常态。看病的人多了，看病也就越来越难。

不要以为只有患者感到看病难，其实，医生也是如此。医生看病也需要一个"搜寻"的过程，一般不会在问过病情后就马上开药，而需要结合病人过往的病历以及检查结果来对症开药。尤其是大医院，看病的人比较多，比如，很多病人都挂了某主任医师的号，对这位主任医师来说，哪些病症是与自己的专长相匹配，他事先并不知道，还需要进一步地筛选。有些病人在一家医院看过后，还可能会去其他医院看，为什么？因为医生与病人相互并不了解，也没有建立起信任，所以，相互之间有一个微妙的试探过程。在试探过程中，需要消耗不少的时间。

另外，看病贵也是行业的一大痛点。贵在哪里？首先是各种检查费，不论你哪里不舒服，医生一般都会建议你先做个检查，然后，根据检查结果诊断病情。

正因为这些问题的存在，造成了大医院人满为患、医生经常超负荷工作的现象，同时，也影响了正常的医患关系。现在，我们可以利用互联网医院这种模式有效整合、利用医疗资源，并彻底解决看病难、看病贵的问题。

具体怎么解决呢？笔者发明了互联网问诊模式，以病例为切入点，建立线上问诊平台，从而实现大病挂号快、小病线上办，避免病人线下扎堆。

线上问诊，顾名思义，就是医生通过网络平台为病人诊断病情，或是病人向医生咨询。例如，病人下载互联网医院的APP后，只需打开APP，就可以搜索到合作的医院，然后，挂对应科室的号即可。到时，医生会在线查看病人的病历，所有信息都一目了然。这样，医生就会以病历为切入点，在线对病人进行问诊，从而提升诊断的准确率及用药的安全性。而且，病人此次的检查结果、用药信息等也会被记录在电子病历中。

如果病人没有病历，可以自助建立。互联网医院一般不接待无病历患者，原因有二：首先，国家相关法律规定，在互联网医院看病，病人必须要有电子病历；其次，便于医生准确诊断病情。也就是说，要想在互联网医院看病，病人首先得在线下医院看过病，并建立过病历，互联网医院也能基于线下医院的诊断为病人建立或更新电子病历。

除了线上问诊，医生也可以通过图文、语音、电话、视频等线上形式，向病人提供健康咨询、用药提醒，或者诊后随访等服务。在线问诊突破了医生的时间和地域限制，分流轻度病症、慢病管理等问诊需求，促进互联网分级问诊。

例如，A先生患糖尿病多年，他下载了线上问诊的APP，上面有糖尿病患者必知的日常护理知识等。如果患者有疑问，也不用跑到医院去咨询医生，而是给医生留言，或是在医生有空闲时进行在线咨询，医生根据病情给予适当的建议，如出现了哪些轻微症状，要用什么药，用量多少，如果症状较重，应该到哪家医院什么科室去看。同时，A先生也可以看到和他一样的糖尿病病友的治疗和调理过程，支付一定费用后还可以看到病友的治疗详情。

现在，国内不少企业或医院都推出了在线问诊APP，比较有代表性的有春雨医生、快速问医生、百度问医生等。但整体而言，并不能从根本上解决用户看病难、看病贵等问题，且盈利能力比较差。

与功能较单一的咨询平台不同，真正的线上问诊模式，能够有效解决行业与用户的问题，它以"远程问诊＋电子处方＋实体药店"的商业逻辑，搭建出让患者、医师、药店、药师和监管部门安全用药的平台，使线上问诊、电子处方、处方药购买、药品配送到家形成一个完整的闭环与价值链，并且有独立的订单管理、物流管理、评价体系等模块。当然，给医生评价是必不可少的，毕竟，群众的口碑才是医生最好的奖杯。所以，线上问诊平台既有较强的盈利能力，又有良好的商业价值。

婚恋行业：一个全民皆可红娘的新模式

据民政部统计，截至2019年底，我国的单身人数已超过2.6亿，约占全国总人口的五分之一，我国已成为世界第一单身大国。

单身成为现代年轻人的显著标志，这和父母辈们到适婚年龄就组建家庭的高效率完全不同。当代年轻人似乎深陷单身的漩涡中，一线城市优质女性嫁不出去，农村涌现光棍潮。

单身已成为严重的社会问题，我国的结婚率连续六年下降，从2014年的9.9%下降到2019年的6.2%，社会平均结婚年龄已超过30岁，并且离婚率居高不下。截至2020年底，全国平均离结婚率高达44.24%，个别城市甚至超过70%；我国人口增长需求已经到了刻不容缓的地步，然而，不婚不育的人数仍在逐年增加。据官方数据显示：2016年出生人数为1786万，2021年的新生儿出生人数为998万，新生儿的出生率持续六连降。并且，城市人口老龄化严重，一对小夫妻同时赡养几位老人的例子比比皆是。

以上海市为例，2021年上海全年出生人口只有11.6万人，受疫情影响，预计今明两年可能会出现出生人口断崖，2022年全年出生人口预计只有8万人左右，2023年可能会降至6万人左右。

问题重重，国内婚恋行业急需规模化落地平台。

婚恋主要分两块：一是线上婚恋交友网站，但大部分网站无法验证单身会员信息的真实性，因为时而会有个别不法分子假借单身的身份实施"骗钱、骗色"等行为。世纪佳缘、珍爱百合网、我主良缘等网站，近年的口碑急剧下滑，且投诉率占整个行业的50%以上。二是线下的婚介所，其总体规模较小，单店可配资源不足，且服务内容已远远满足不了年轻人的需求。婚恋行业整体缺乏龙头企业和连锁共享机制，因为绝大多数企业门店的店主小富即安、各自为政，部分品牌加盟门槛高，所以让很多想创业、想加盟的人望而却步。

到目前为止，婚恋行业急需服务创新＋互联网高科技赋能＋资本的力量，并引用连锁共享模式，加强从业人员（红娘）的职业培训，提高红娘的服务意识、专业技能和规范化运营，才能改变现状，促进行业整体发展。

基于上述单身婚恋和婚介行业的需求，有一家公司脱颖而出，其创始人胡总坚持以红娘培训为核心，垂直系统化地进行红娘职业化的教材撰写、培训、培养、孵化等一站式服务的线上线下运营。"姻诺"平台是他们自主研发的CRM（Customer Relationship Management，客户关系管理）单身配对软件，以"培育百万红娘，让一亿人告别单身"为使命，通过"共创、共享、共赢"的模式，全力助推"民间热心人"向"红娘经纪人"的职业转化，让更多的爱心人士都为身边的单身人士牵线做媒，真正达成"让天下有情人终成眷属"的愿景。

"姻诺"平台通过多年的运营，已经探索出了一套"红娘培训+系统应用+落地开店"的整体方案，他们教方法，给工具，用"增加一项婚恋服务，一年多收几十万"的方式赋能线下实体门店。目前，这种模式在全国很多城市开展得如火如荼。

同时，他们开发出来的人员相亲征信系统可以在最短的时间内明辨好坏，让三心二意的人无处遁形。

现在的时代是个社交的时代，亦是一个需要不断创新的时代！

"姻诺"平台帮助当代年轻人解决了他们的婚恋问题，值得借鉴。

机器人行业：一个能陪伴孩子的新模式

在互联网发达的今天，我们经常会看到这样的新闻：

近日，一名××岁的中学生坠亡；

××个青少年学生因为抑郁症休学；

……

这究竟是哪里出问题了？

经过一系列调查，事件的真相也慢慢浮出水面：这些事件的发生，相当一部分与学生本身的心理因素有关。

调查数据显示，每年我国约有10万名青少年死于自杀，平均每分钟就有2个孩子死于自杀，8个自杀未遂。而造成青少年自杀的原因，大多是青少年的心理问题。据《健康中国行动（2019—2030年）》揭示，在每年接受心理疾病治疗的人群中，青少年约占四分之一。2019年底，"抑郁研究所"发布了《2019中国抑郁症领域白皮书》，根据其发布的数据，在我国学生群体中，大约每4人中就有1人患有抑郁症。因为在青少年时期，学业压力、社会挑战和荷尔蒙变化等因素，导致他们对家庭、学习、社会生活等产生了一些错误的认知，从而表现出消极的情绪，即抑郁症。抑郁症不仅不会随着年龄的增长而自行缓解，如果不及时对情绪进行疏导或及时治疗，反而会随着年龄的增长变得越来越严重。

人们的传统观念认为，家长更容易发现孩子的心理问题。其实不然，家长通常会从自己的角度看待孩子的问题，并且会对孩子的一些不良行为给予合理化解释，很多时候，他们即便知道孩子有问题，也找不到问题的症结所在，更谈不上找到解决办法。这是长期以来家庭教育的一大痛点。人工智能的不断发展，家庭教育机器人应运而生，为我们及早帮助孩子解决心理问题创造了契机。

与家长多凭借主观感受与经验，甚至是带着偏见来判断孩子身上的问题不同，人工智能在识别孩子的情绪时，要经过复杂的运算，即背后有基于大数据与严密逻辑的一整套算法。这使得人工智能做出的判断有较高的可信度。举个其他方面的例子，全球零售业巨头沃尔玛通过大数据对消费者购物行为分析时发现，男性顾客在购买婴儿尿片时，常常会顺便搭配几瓶啤酒，于是，推出了将啤酒和尿布摆在一起的促销手段。结果，尿布和啤酒的销量都大幅增加。

利用技术预测心理特征是机器学习的过程，如果我们获取了用户的行为数据，同时拥有心理特征指标，就可以通过建立相关模型，对新用户的行为和心理进行识别。人工智能与互联网技术的发展，无疑为用户心理分析打开了新的窗口。

在青少年心理辅导与教育方面，有一家公司在做人脑解码的业务，他们有很强的技术研发能力，用他们的一整套脑数据采集分析系统，可以较为准确地筛查出青少年的心理问题。笔者帮他们设计了一套人工智能的方法，通过分析孩子的某些特征来判断，他们的心理是否处于健康状态。

例如，专家通过研究不同自杀可能性的行为和语言表达的差异，发现高自杀可能性的人与其他人相比，社交活跃度更低，关注别人更少，表达更多使用否定、死亡的词语，指向未来的词语使用更少。

这家公司开发了一个互联网平台，这个平台可以让家长用一种特定的方法自测孩子的心理状况，这一"算法"或逻辑也可以用于机器人行业，即，机器人会通过大数据分析数万甚至数十万个抑郁青少年的行为，继而得出哪些词汇是抑郁者口中的高频词，或者哪些行为是抑郁者的习惯动作。比如，机器人发现"没意思""死了算了""活得太累"等是抑郁者口中的一些高频词，那在与孩子的互动中，如果发现孩子经常表达类似的情绪，那么机器人就可以判定孩子的心理健康状况。如果有问题，可以进行积极的疏导。如果问题严重，会在后台向家长发出预警，提醒其及早关注孩子的心理健康问题，或给出一些合理的建议。

另外，未来这个项目的机器人也可以运用AI技术，通过分析孩子的面部表情和对话情境来判定相关的情绪反应，让机器人与孩子建立互动。也就是说，机器人内部建立了一个模型，它可以根据过往经验形成的模式进行智能反应，并不断进行优化。它既能识别孩子的情绪、谈话方式、面部表情和行为方式，又可以根据特定的个人特征进行对话，从而发现孩子的异常反应。

当然，为了提高识别的精确度，避免可能出现误报的情况，在机器人预测之后，也可以增加人工识别的环节。比如，让心理学专家通过录像来综合评估孩子的行为和语言等，以便判断其是否存在心理问题。

随着国家政策的倾斜和5G等相关基础技术的发展，我国人工智能产业在各方的共同推动下进入爆发式增长阶段，市场发展潜力巨大。数据显示，2019年，我国人工智能核心产业规模就已超过510亿元，预计在2025年将达到4000亿元，未来我国有望发展为全球最大的人工智能市场之一。

近几年，一些科技巨头开始在教育领域积极布局人工智能，其中，尝试用机器人做孩子心灵的陪护者是主要的应用场景之一。未来人工智能将会在家庭教育及青少年心理辅导方面有越来越大的发展空间，并将深刻地影响或改变教育领域。所以，这个项目未来在解决青少年心理问题的路上会越走越远。

航空航天行业：每个人都需要一张火星旅游船票的新模式

如果20年前，有人和你说："20年后，出门只需带一部手机，就可以解决吃、穿、住、行等问题。"你的反应会是什么？不可思议，大惊小怪，抑或是"这有点荒诞不经"。

同样，今天如果有人和你说："20年后，我们可以乘坐宇宙飞船遨游外太空，还有机会到火星旅行。"你会觉得这是一时戏言，或是惊世骇俗的推理，抑或是仰望星空后的一帘幽梦？

如今，人类除了在火星上搜寻生命的痕迹外，还有一项重要任务，那就是踏足火星。随着世界航空工业与技术的不断发展与进步，或许在十几年或几十年后的某一天，人类真的能够实现火星之旅。正如苏联著名科学家齐奥尔科夫斯基所说："地球是人类的摇篮，但是人类不可能永远生活在摇篮里。"

近几年，不少国家都开启了火星探测任务，并加快了探索速度，这不但推动了世界航空航天业的发展，而且在民间掀起了一股"火星热"。2021年5月15日，我国的"天问一号"着陆火星，标志着我国对火星的研究进入了一个新的历史阶段。

目前，我国航空航天行业正在快速发展，且已在一些领域领先世界。随着新兴技术持续创新、"太空＋互联网"跨界融合，以及大量资本纷纷涌入，全球即将进入新太空时代。

2021年，我国航空航天行业市场规模达到8933亿元。2022年1月28日，《2021中国的航天》白皮书发布，其中提到，未来五年，我国航天将推动空间应用全面发展，其中，包括培育发展太空旅游等太空经济新业态。

太空旅游是基于人们遨游太空的理想，把人类送到太空去旅行，给人们提供一种前所未有的体验，最新奇和最为吸引人的是可以观赏太空旖旎的风光，同时还可以体验失重的感觉。太空旅游以娱乐为目的，所以被认为是富豪们的娱乐。

早在2001年，美国亿万富翁丹尼斯蒂托就花费2000万美元，乘坐俄罗斯的"联盟"号飞船奔赴国际空间站，进行了为期8天的太空之旅。2021年被认为是商业太空旅游元年，这一年，马斯克、贝索斯和布兰森作为三家公司的老板，分别搭乘自家公司的飞行器进入太空。2021年11月26日，维珍银河公司还免费送出2张太空旅游门票。

几乎每个人都向往太空旅游。虽然，商业太空旅游是一个"高投入、高回报"的生意,但是,这个行业存在一个世界上99%的人都无法解决的痛点,那就是费用极其昂贵,对身体素质的要求也很高。

例如,维珍银河公司单人太空行程的价格为25万美元,已有影视名人、互联网巨头等600名旅客缴纳定金;蓝色起源公司虽然没有透露具体票价,但其太空旅行首飞船票拍卖出了2800万美元的高价;SpaceX公司的票价最贵,据称4个座位价格总计2.2亿美元。

不可否认,太空旅游是一个非常庞大的蓝海市场。有相关机构预测,到2025年,全球太空旅游累计总收入将达到10亿美元;2030年,太空旅行市场规模约可达30亿美元。目前,全世界航天经济50%的收入来自电视和通讯,从长远来看,太空旅游可以成为拓展太空经济收入来源的新渠道。

为了解决太空旅游成本高昂及飞行资源稀缺这两个制约太空旅游业发展的关键问题,我们可以推出一种全新的模式,让每个人都有机会拥有一张火星旅行船票。

什么是火星旅行船票?首先,它是一个通行证,你买到一张船票,意味着未来某一天,如果火星旅游项目真的落地,你可以凭票获得体验资格。其次,它是一张通票。你有了这张票,不一定要用来乘坐飞船,还可以参加组织方举办的各类与火星旅游相关的活动。这就像你买了一张植物园的通票,到园里任何一个地方参观都不需要再次购票一样。

对普通人来说,有生之年可能都无缘登上火星。但是,通过"火星旅行船票"活动，可以在一定程度上弥补他们的遗憾。在每张船票上，都有乘客的姓名及唯一的编码，同时，还有出发地与目的地。

如何得到这张船票呢？

开发一个平台，以APP形式嫁接元宇宙平台。用户实名注册、登录后，填写完整的个人信息，然后点击"购买"并支付票款就可以了。票数是有一定限制的，售完为止。买到票之后，可以保存电子版，也可以打印出来，留作纪念。

"火星旅行船票"这种模式可以通过互联网平台，用最短的时间为一些航空航天项目筹得尽可能多的资金，同时，也让更多的人以购买火星旅行船票的形式来支持火星旅游事业。当然，看似遥远的火星梦，正在被各种探索、尝试拉近与普通人的距离，相信未来的某一天，你可以真的如约踏上前往火星的飞船。就算没有飞上太空，元宇宙里你也能自由翱翔。

下篇
创造新模式需解决的六大难题

如今,几乎所有的线下实体都在抱怨:"钱太难赚了,生意太难做了。"你难或不难,商业世界的金字塔都永远存在,财富也一直在流动。难,是因为你的模式有问题,模式落不了地。在模式为王的互联网时代,要让新模式高效落地,必须从根本上解决六大难题。

定位问题：方向错了，越努力越失败

在当前的商业环境中，一个产品想赚钱，一种模式想落地，首先必须要有一个正确的定位，其次要运用好大数据、人工智能和云计算等技术来实现这个定位。

初创型企业，在刚起步时，没有成熟的商业模式，没有系统的运作体系，没有充足的资金和足够的人才，当然也没有利润，有的只是无尽地打拼。所以，生存下来都很难。

很多企业从"诞生"那一刻起，就面临饱和的竞争市场，没有清晰、充分的定位做支撑，能多活一天就是奇迹。特别是在如今的互联网时代，想在竞争中立足，学会定位是很有必要的。

当然，谈到定位，很多人会说："我早就懂啦，不就是用户细分、市场定位、渠道策略、销售卖点提炼、竞争格局分析，这有什么难的。"

这些人的逻辑是：他们有很厉害的技术和产品，市场是他们主导的，他们想怎么做就怎么做。也可以理解为，他们认为消费者都是孤立的，可以利用广告等方法去强行影响其认知。

在互联网时代，必须得换一套方法。互联网带来的最大改变就是去中心化。过去，商家会想尽一切方法建立壁垒，保持竞争优势以及在消费者心中的品牌形象。现在，则必须学会开放与连接，以消费者为中心来构建新的商业模式，否则很难成功。

例如，"××莜面村"餐厅曾想通过"定位"来树立招牌，结果事与愿违。该餐厅曾经改名"××西北菜"，为的是能让顾客产生该餐厅即西北菜的一种品牌认知。改名一年多后，还是失败了，后来，其名字又改回"××莜面村"。究其原因，是因为西北菜是专家心目中的品类，不是用户心目中的品类。

现在是互联网时代，如果你依然在套用工业时代的方法，自然行不通。如今，不论哪个行业，做什么定位，都必须优先考虑用户群体，甚至需要以用户为中心。以手机行业为例，从前，手机厂商鱼龙混杂，定位各不相同，以避免所谓的"差异化竞争"，现在就剩那么几家，而且都是靠粉丝、用户体验等生存下来的，而用户只关心产品和服务的性价比。

如今不论是媒体、渠道、品牌，还是用户，都发生了根本性的改变，过去的那一套定位方法已不再适用。比如，对媒体行业来说，以前侧重于垄断、高单价、大量投放，现在则注重互动、开放、免费与精准推送，方法截然不同。

移动互联网让人与人之间连接的成本几乎降至零，只要有好的内容，或者大家关心的话题，可能一分钱也不用花，就能"广而告之"。比如：特斯拉在我国几乎没有花过什么广告费，却几乎家喻户晓。为什么？因为特斯拉本身就是一个话题，它留给我国用户的印象是：特斯拉就等于电动汽车。

今天，消费者的行为模式已经发生了根本变化，他们既可以影响别人，也可以受其他消费者影响，所以，企业只靠创新，或者打造良好的形象是不够的，还要学会精准定位，第一时间在预期客户的头脑里占有一席之地，而不是运用简单粗暴地植入定位的老套路。

流量问题：以用户为中心创造流量

当下，很多人都拥有一种"流量思维"，并把"流量"视为财富密码，认为不管做什么，一旦和互联网相关，只要有流量，就成功了一大半。所以，为了快速获取流量，需要不断地投资，或者做一些代价很大的事情。很显然，他们没有思考过流量思维的底层逻辑。

流量思维的底层逻辑可以用一句话来概括：真正的流量不是买来的，而是基于用户创造出来的。

很多商家的商业模式虽然没有问题，但就是赚不到钱，其中一个根本原因就是，掉入了流量陷阱，习惯用钱解决流量问题。比如，请拥有很多粉丝的大V或者知名网红直播带货，是当下比较流行的一种商业模式。这种模式有一个好处——商家借用大V或网红的流量可以快速变现。有的网红一场直播，销售额可能达到几百万，甚至上千万。于是，一些商家甚至不计成本，付出高昂的费用请网红带货，结果几家欢乐几家愁，有的一夜之间能赚上百万，甚至可能会卖出一些爆款，而有的商家只能卖出几十件商品，退货率可能还很高。

如果商家不自带流量，或没有创造流量的能力，他们通常的做法就是"买流量"。这直接推高了经营成本，更重要的是，最后可能一无所获。为什么？因为没有真正解决用户的痛点，也可能是产品或服务不具备核心竞争力。

例如，有一个做直播的平台，为了在行业中立足，不断投资打广告，买流量。为了提升用户的体验，平台采购好的器材，而且还请一些专业运营人员等。为了获取并留住流量，平台又花钱引进了一些游戏、娱乐主播，除此之外，还在各大主流媒体做广告。结果，两年时间不到，平台被高昂的流量成本拖垮了。

可见，不是有了流量就可以变现。流量变现远比我们想象的要困难得多。很多商家借着资本的加持，虽然可以通过疯狂补贴来获取用户，但是，一旦补贴力度稍有降低，很快就会丧失大量用户。再如，新店开业时，不买流量，可能就会"人气低迷"；假如买流量，算不好账的话，很容易就变成流水虚高，却没有利润。

这也是很多商家的痛。那到底该不该买流量？或者应该怎么使用流量呢？在移动互联网时代，企业除了要学会"花钱买流量"，更需要学会"造流量"。如果说"花钱买流量"是广告手段，那么，"造流量"就是公关行为。

"造流量"可以分为两个阶段。

1. 从花钱买流量到"制造流量"

商家要通过线上、线下渠道,"制造"吸引顾客"眼球",且让顾客愿意传播分享的"内容",从而扩大品牌的认知度和影响力,赢得口碑。例如,曾经在一些网络平台疯传的"海底捞省钱攻略""肯德基卖串串"……都是在"制造流量"。这种做法不但可以吸引眼球,短期内还可以引流,而且"润物细无声",有机会形成"现象级传播"。

当然,在市场预算相对充足的情况下,也可以两者结合,用"花钱买流量"加"制造流量",也有不错的效果。

(1)在店内或者一些网络平台上,先"制造内容";

(2)借企业的自媒体、社群或会员等存量资源,通过利益驱动或情感驱动,扩散发酵;

(3)可以适当花点钱买些流量,来扩大影响面;

(4)"制造流量"还有一个重要技巧,就是学会"借势"。

2. 从"制造流量"到"创造流量"

如果说"制造流量"的核心是企业制造内容,那么"创造流量"的核心就是"人"创造内容。不论是产品,还是门店,都无法自主"创造流量",它们只是载体。要用"人"来赢得"流量",就像一些企业请"明星代言人",企业要寻找"网红或达人"探店,都是这个道理。

如果企业的利润较少,不打算请网红或达人探店,也没能力请"明星代言人",那该如何"创造流量"呢?上海有一家烤鱼餐厅,创始人很会利用名人效应,比如,影视明星到店里用过餐,他就把这些明星的照片等素材挂起来,进而打造年轻人喜欢的网红餐厅,同时,借助喵喵社交平台,让年轻人在这里精准社交,所以,该餐厅做得非常成功。

另外一个逻辑还有:将"过客流量"转化为"常客留量"。通常,会员是对企业品牌相对忠诚的一部分群体,愿意为企业付出一定的时间和财力,也相对愿意"帮助"自己所热爱的品牌"创造流量"。无论是将会员转化成为企业的"传播源",还是从会员群体中选拔出企业的"草根代言人",都可以颠覆"发优惠券,给折扣,享更多福利"的传统模式。

从"花钱买流量"到"制造流量",再到"创造流量",既是层层递进,也是不同阶段的并行。这是企业必须要认清的流量思维的"底层逻辑"。

用钱"买"来的流量,永远不能成为竞争优势,只会把企业拖入与对手打价格战、补贴战的境地。更何况用户对于品牌的忠诚度是买不来的,它需要时间的沉淀。所以,与其花钱买流量,或是通过营销套路增加人气,不如创造新模式,以用户为中心"创造流量"。这样,不但可以与用户建立情感链接,也会逐渐培养其对品牌的忠诚度。

变现问题：没流量很苦，流量来了更苦

在移动互联网时代，谁掌握了流量，谁就拥有话语权，谁就更能把握住商机。所以，我们会认为，流量变现很简单。事实真的如此吗？其实不然。

人气不等于流量，流量不等于财富。随着获得客户的成本越来越高，以及消费者回归理性，企业如果一味地只追求用户数量的增长，而不追求流量变现，想生存下来很难。

现在，越来越多的拥有百万粉丝的自媒体号或者机构号，因为没有转化率或者转化率极低，不是面临关停，就是在寻求转让。

举个例子，某作者是一位拥有百万粉丝的视频剪辑爱好者，在某影音网站发布了不少优质的原创视频，不论是剪辑，还是配乐，都非常专业。但是，很多视频发布后，虽有上千万的浏览量和上百万的点赞量，但是，没有多少转化。

空有一堆流量，却没有转化，也不能变现，因为原有的变现方式被

挖掘殆尽。互联网在不断进化的同时，商业模式也在不断迭代、升级。如果，变现思维只停留在过去，依靠广告赞助，或卖东西来实现流量变现，会越来越难。

其实，通过互联网变现的模式是多点的，不应是一个单点。比如小米科技公司，主打的产品是针对80%的普通用户，而不是20%的精英层，其手机价格比较低，质量也不错，其产品的毛利率只有百分之几，远远低于同行及一些渠道商，成本700元的手机，可能只卖710元，那它靠什么盈利？它不是从手机本身，而是从一些APP商家那里赚钱。小米手机中有一个应用商城，里面有很多APP。这些APP要按照用户的使用量付费给小米科技公司。从中可以看出其赚钱的逻辑是把线性模式变成环状模式，通过多点经营的模式来抓住足够多的用户，从而实现流量变现。

不论是什么行业，运用哪种商业模式，在进行流量变现前一定要注意两个问题：①谁是真正的用户？②用户会为什么买单？并不是你有一定的流量，就卖什么都会赚钱。"卖"是一种粗放的变现模式，现在，已无法通过这种方式挖掘流量的更大价值，或实现企业的商业价值。

每个行业每年都会有许多大大小小的公司，在获得巨大的流量后，选择扩大融资，并组建自己的商务团队，信心满满地谋求商业变现，结果，投入与产出不成正比，亏得一塌糊涂。为什么会这样？因为他们不了解真正的用户群体以及用户买单的原因，而是固执地认为，只要东西够好，有流量做保障，就一定会大卖。这是一种最老套的变现方式。

流量变现，一定要以用户为中心，并以合适的成本为客户提供价值最大化。即商业变现的核心是产品的商业设计能力，要去创造产品和客户之间共同生存的土壤。其中潜在的商业逻辑主要有以下几点。

1. 找出真实的交换价值

这是被很多人忽略的一件事情。尤其是创业者，一定要经常思考自己的产品究竟怎样给用户提供价值。当你为用户提供了被认可的价值后，才能从用户那里获得相对应的价值，即使这种价值并不能马上变现，但至少你应该清楚，用户在和你进行等价交换——以钱、时间、注意力、信息、数据等形式。只有这样，你才有可能设计出更好的变现模式。

例如资讯、社交类的应用，用户可以用来交换的东西，就是他的时间、注意力，以及可能的点击行为，如点击应用上的广告等，而你能提供的价值是什么？可能是最新的咨询，某种新的使用体验，或者可以满足其某种好奇心。

2. 设计可持续的创收模式

创收的模式就是让产品或服务通过一些方式转化成钱。当然，也可以将信息、数据、销售线索，甚至用户的注意力等进行转化，所以，流量变现不一定非要通过"卖"这种方式。在设计好模式后，要通过多个维度衡量其合理性，以验证其可持续性。否则，它只是一个无法落地的假设。

几乎每个公司与平台都在不停地探索适合自己的变现模式,每个行业也都有利润边界。从这个角度看,企业之间的竞争本质上是流量变现能力的竞争。而在早期的互联网时代,一个公司不需要这种能力,甚至,都不需要流量,只需要一个正确的商业模式就可以了。

现在,仍有不少人,包括投资者、企业家和高管,依然仅从买与卖的角度出发,去讨论商业变现问题,甚至还会用大量资金来发展有缺陷的商业模式。这会造成不断地砸钱、赔钱,或用一部分业务的盈利来补贴另一部分亏损的结果。

思维问题：只有卖货思维，不懂模式创新

如今，越来越多的网红、大V，甚至是知名演员、企业家纷纷加入直播带货的行列，甚至，有些人完全丢掉老本行，专心做直播带货，因此，卖货思维也成为人们在当下互联网时代的普遍思维。

卖货思维的本质是围绕产品来设计营销方案，寻找流量，促成交易。在产品竞争不太激烈，流量成本还不是很高的时候，卖货思维是可以赚钱的。例如，10年前，只要会推销，就能找到客户。随后的几年，只要会运用移动互联网获取流量，就能简单粗暴地赚钱。如今，随着互联网产品泛滥，以及获取流量的成本猛增，靠卖货思维来赚钱越来越难了。为此，首先要把卖货转变到卖思维和模式上面来。

举个例子。

现在很多人都在做朋友圈营销，他们的出发点就是想卖货。通常的做法是先通过分享建立信任，然后去销售某种产品。还有些做法简单粗暴，直接在朋友圈进行"广告轰炸"。几次下来，他们可能会被朋友圈

中90%的人拉黑或屏蔽其朋友圈。在"卖货思维"主导下，他们只能这么做。其实，这种思维就是基层销售员的境界，毫无技术含量，谁都可以做。

在生活中，大多数人比较反感别人在朋友圈卖东西，那怎么做才能让对方觉得，你发的不是广告，不是在兜售某种产品呢？方法就是淡化"卖"这一动机。比如你在朋友圈卖土鸡蛋，可以发一些自己用鸡蛋做的美食照片，通过这种形式，你可以表达：我什么都没有卖，我是在分享美食。这样就摆脱了"卖货思维"。

再比如，你开了一个洗车店，有车主来保养，你一直向他推荐产品，说使用某款产品对车都有哪些好处，而且现在正在搞活动，等等。如果你总是这样做，那离关店也不远了。要想生意好，一定要改变"卖货思维"。在销售产品前应该思考一下：你对车主使用车辆的建议是什么，并且关联到你的产品。

以前，一条街的同行只有三五家，被顾客选择的概率是20%～30%。如今，一条街有十家八家同行，还有成百上千的网店在和你竞争，被选中的概率降至百分之一，甚至千分之一，所以，如果抓不住顾客的心，根本连顾客的影子都见不到。

在互联网时代，广告、促销、价格战愈演愈烈，那些还专注于"卖货思维"的企业，依然在不停地找渠道、做广告、做地推、做活动、做新媒体，或者进行电话销售。殊不知，前方已经无路可走，即便能活下来，也毫无竞争力。

但是，该怎么办呢？

升级你的思维，由卖产品转变为卖模式，由找客户转变为经营用户。如此一来，就跳出了企业之间的同质化竞争，进而转入商业模式的竞争。在这种新的竞争格局中，专心做好产品和服务后，可以让用户自主参与传播，帮你带来流量。因为，互联网的传播是去中心化的，只有用户参与了，才可能迅速扩大并成功。用户思维的核心就是利他、输出价值、建立信任、打造IP（品牌）。即想用户所想，做用户所需，从根本上解决销售与创业的难题。

裂变问题：未能深度挖掘潜在的客户资源

在移动互联网时代，企业一切问题的根源都是模式出了问题。用户增量，一直是企业关心的话题，在流量红利逐渐消失、获客成本越来越高的今天，如何低成本获客是企业首要思考的问题，在众多答案中，裂变不失为一种低投入、高回报的用户增长方式。

但是，裂变不是纯粹的用户量暴增，或者销售额的短期爆发，而是在用户量持续增长的过程中，让用户持续体验、消费你的产品和服务，并且主动帮你宣传。

裂变是品牌广告投放的放大器，投放＋裂变=低获客成本＋增量用户。对于创业者来说，裂变获客可以降低成本、提升竞争力；对于操盘手来说，做裂变可以拥有越来越值钱的裂变增长能力。

目前，主流的裂变方式有两个。一个是通过APP实现裂变，另一个是通过微信平台进行裂变。

通过APP平台进行裂变的方式主要是靠APP本身全新的模式，让用户离不开你。战术上可以采用拉新奖励、裂变红包、IP裂变、储值裂变、个人福利裂变、团购裂变等。以拉新奖励为例，老用户带来一个新用户，可以得到相应的奖励，带来的新用户越多，奖励也越多，这样，通过奖励就可以实现持续的裂变。再比如IP裂变，它是红包裂变的升级，即利用流量合作，来获取免费视频资源供用户分享。

微信平台也是常见的裂变平台。比如拼多多、百果园等，都或多或少通过微信这个平台进行裂变。为什么用微信平台？一是微信的用户基数大，微信月活用户已超12亿；二是微信的功能愈发强大，原有的微信生态被划分为四大流量触点：公众号、小程序、社群、个人号，随着企业微信、视频号、微信直播的加入，会衍生出更多新的裂变方法；三是通过微信可以精准地接触到目标用户。

还有一些企业会通过其他方式进行裂变，但是不论在哪个平台或用哪种方式进行裂变，都是通过营销手段让用户自己产生分享欲，通过用户主动分享，进而达到在较短时间内实现用户爆发式增长的裂变目的。

有些商业模式必须借助裂变思维，如前面讲到的，可运用于电影行业的提前回收票房模式、共享按摩椅模式等，因为，当引入这些商业模式时，你不可能像处理传统业务那样，通过一对一或点对点的方式来完成每一笔交易，这个工作量太大，可能涉及几万、十几万笔交易，而且成本很高，怎么办？可以在你的行业发明一种全新的互联网模式，满足尽可能多的客户的需求，当然这种模式通常需要开发一个互联网平台，在这个平台上满足用户的需求,而且,平台有分享功能,用户觉得有用就会把它分享给朋友,或转发到微信群、QQ群中。

这种模式可以很好地解决各个行业普遍存在的获客成本高、老客户流失率高的痛点。以实体店为例,获得销售机会的成本越来越高。如果只是坐等顾客上门,生意不可能做起来;如果花钱做广告,利润降低的同时,广告未必有人看。那么,只能从低成本引流着手——运用模式裂变思维,让老客户源源不断地裂变出新客户。

举个例子。

有个摄影师,学习了6年摄影,现在他有个想法:不再卖照片,要做知识付费。也就是想把自己的拍摄经验做成课程,然后,以付费的方式分享给大家。如果按传统的模式,一共10节课,每人学费299元。但是,这样的课程多如牛毛,自己没有突出的优势,而且,也没有授课的经验。那怎么办?可以用裂变思维来解决这个问题。比如,可以打出"99元进群,一年365天服务,送20节拍摄课"的广告,这样一来,自己的优势就出来了,即我除了教大家拍摄,还能提供更具吸引力的增值服务,而且,这些服务不是卖,而是送。这就是一种典型的裂变思维。

如今的社交电商、社区团购等,其实就是一种裂变模式。平台通过裂变营销,在吸纳众多的合伙人、店长、会员的同时,又能让他们再次裂变,低成本或者免费得到一个赚钱的机会——自买省钱、分享赚钱。对于有好产品或服务的企业来说,这种裂变思维能让其快速拥有无数个免费业务员，进而低成本抢占市场。

除此之外，还有一种常见的裂变思维，就是"爆品"路线，如特意打造一款"爆品"，质量不错，价格还低，从而快速冲到销量榜的上游。有了"爆品"引流，后续产品的销售量就会增长。

综上所述，在运用裂变模式时，既要让合伙人裂变合伙人或代理、客户裂变客户，又要让产品、软件、服务等有足够的"吸引力"，同时还要提升用户的黏度与忠诚度，如此才能从根本上解决获客成本高、获客难的痛点。

跨界问题：颠覆传统单一的盈利模式

进入"互联网+"时代后，越来越多的企业开始认识到，这是一个"数据重构商业，流量改写未来"的时代，旧思维渐渐式微，很多都在推倒重来。尤其，当互联网摧毁固有的商业模式，让人不得不去树立新思维、重构新的模式时，跨界就成为企业破局的关键。因为，你永远想不到下一个竞争对手是谁，也很难猜到哪种新兴行业，将会一夜之间击败某个完全不相关的传统行业。

例如，打败方便面企业的不是同行，而是一些外卖平台；打败尼康相机的，不是佳能和索尼等同行，而是智能手机。就像一句很流行的话所讲的：羊毛出在了猪身上，由狗去买单。现实中，这样的商业案例有很多。

有一家公司，经营一次性餐具。过去，他们直接将产品卖给经销商，再由经销商去推广，卖给有需求的餐厅、酒店等。现在，他们重新构建了一套赠送的商业模式，也就是把产品赠送给客户，哪个客户能抵抗住这种诱惑？结果，送出去的比之前卖出去的还多。那问题来了，送出这么多，岂不是要亏损？

其实不然，这家公司的盈利逻辑是：公司通过这种方式与当地大部分的商家合作，这样一来，餐具规模就上来了，成本就下去了。因为送出去的量较多，广告公司也愿意与这家公司合作，在一次性餐具上打广告。这家公司将一次性餐具包装成一个四方形的盒子，在盒子的每个面上都印上广告，于是，赚取广告费就成了新的盈利方式。

跨界思维之所以能颠覆很多行业，从这个案例可见一斑。所以，在移动互联网时代，不能总是依赖传统的营销模式，必要的时候，还要尝试一下跨界整合商业模式。因为，移动互联网完全改变了传统的商业格局与环境，让商业世界呈现出"三无"特征。

1. 无障碍

过去，经营一家企业，要搭建庞大的营销网络，至少需要五六年时间，而且成本高昂。网络搭建完成后，会形成壁垒，使企业免受竞争者的冲击，赢得一段时间的安全期。在今天，移动互联网技术使消费者可以在网络上轻松买到任何产品，渠道的障碍已被彻底消除。

2. 无边界

传统行业之间，隔行如隔山，行业壁垒高，知识鸿沟深。如今，行业之间的边界已经完全被击穿，一个行业跨界颠覆另一个行业的现象越来越频繁。同时，不只是行业的边界，市场的边界也被打破，任何一个新诞生的商业模式都可以迅速普及到全国各地，甚至全球。

3. 无时空

在移动互联网时代，时空的壁垒同样不复存在。过去，我们想购物时，可能因为在上班，或者时间太晚了，又或者周围没有商场等原因，不是很方便。现在，消费者可以在任何时间、任何地点完成购物。只要打开手机，就可以在手机APP上买到自己想买的商品。

由此可见，移动互联网不但让企业突破了时间界限，也打破了行业边界，为跨界商业模式提供了各种可能。因此，这是一个消灭你，却与你无关的时代；这是一个跨界"打劫"你，你却无力反抗的时代；这是一个知道对手很强大，却不知道对手是谁的时代。这就是现在的趋势——跨界融合，或跨界"打劫"。

要想通过跨界模式来打造一个完整的生态闭环，把多个行业的赚钱模式整合在一个大系统里，并达到利益共赢，关键要注意以下两点。

1. 要有清晰的目标与落脚点

在合作之初，就要明确合作目标和落脚点。关于落脚点，常见的有场景、产品、理念等。

2. 要讲一个完整的故事

即便是南辕北辙的两个品牌，也要讲一个完整的故事，否则，对品牌价值就没有任何投入。很多跨界合作，尤其是线下的跨界合作，其实根本目的在于线上的二次传播。比如，支付宝与杨铭宇黄焖鸡米饭合作推出全新的概念店。这次合作就是一个完整的故事，因为合作本身存在一个冲突点，就是黄焖鸡是餐饮品类，但是，这个概念店却科技感十足，完整地讲述了一个"科技让生活、商业更美好"的故事，并且，支付场景与就餐场景高度契合。

如今，越来越多的企业开始通过跨界整合资源，以突破发展的瓶颈，或颠覆传统单一型盈利商业模式。也就是说，跨界是为了更好地整合资源，通过共享多方资源，以增加盈利点。过程中，产品本身只是一个流量入口，用表面上的优惠赚取背后的资源来实现盈利。在我们已知的零售业跨界案例中，不论是咖啡+书店、咖啡+服装，抑或是超市+餐饮的不同模式，运用的都是这一商业逻辑。